한국 STO 현재와 미래

한국 STO 현재와 미래

초판 1쇄 발행	2024년 6월 10일

지은이	김중규 문성훈 박재홍
펴낸이	한승수
펴낸곳	온스토리

편 집	구본영 이상실
디자인	박소윤 페이지엔
마케팅	박건원 김홍주

등록번호	제2013-000037호
등록일자	2013년 2월 5일

주 소	서울특별시 마포구 동교로 27길 53, 지남빌딩 309호
전 화	02 338 0084
팩 스	02 338 0087
E-mail	hvline@naver.com

I S B N	978-89-98934-59-0 03320

토 큰 증 권   발 행

한국 STO
현재와 미래

김중규·문성훈·박재홍 지음

온스토리

머리말

한국형 STO 사업에 주목하라!

지난 시절 한국 경제는 삼성, 현대, LG, SK 중심으로 경제 성장이 이루어졌으며, 이후 한국의 대기업 체제 경제 구조는 다른 대기업 사업자를 만들 수 없게 진화했다. 하나의 대기업은 반도체, 가전, 보험사, 부동산개발, 건축, 자동차, 백화점과 유통 등 문어발식으로 사업 분야를 확장해서 어느 시장 분야에도 이들과 비견되는 새로운 대기업이 탄생하기 어려웠다.

하지만 1994년 한국에 인터넷 상용 서비스가 개시되었고, 이후 초고속 인터넷 서비스와 다양한 온라인 콘텐츠 및 서비스들이 급속도로 보급되었다. 한국의 대표적 포털 사이트 중 하나인 다음(Daum)이 1995년에 설립되었고, 이후 1999년에는 네이버(Naver)가 등장하여 온라인 검색, 커뮤니티, 포털 등 다양한 서비스를 제공하면서 국내 인터넷 산업에 비로소 대기업이 만들어졌다. 그리고 초고속 인터넷 서비스를 바탕으로 넥슨(Nexon), NC소프트(NCsoft), 카카오(Kakao Games), 넷마블(Netmarble) 등 세계적인 온라인 게임 및 서비스 기업들이 한국에서 탄생하기에 이르렀다.

모두가 인터넷이라는 기술 발전을 통해 새로운 시장이 형성되었기에 가능한 일이었다. 그런데 다음, 네이버, 넥슨 3대 기업이 인터넷 분야에서 확고한 시장을 점유한 이후에는 이 분야에서도 다른 대기업이 만들어지기 어려운 상태다.

비트코인으로 시작된 코인 시장에서도 초기 시장 형성 시기에 참여한 사람만이 큰 수익을 내거나 코인 시장에 대기업으로 자리 잡을 수 있었다. 즉 초창기 구매 가격 1만 원어치 비트코인은 현재 통화로 1조 원에 환전되고 있다. 기업 중에는 코인 거래소, 이리디움 코인 등 몇몇 기업이 대기업이 되었고, 이들이 시장 대부분의 수익을 차지한다.

모든 나라의 금융시장은 기업과 국가가 공동으로 관리하는 시장으로, 가장 보수적이고 변화가 없는 곳이다. 이러한 금융시장에도 블록체인이라는 기술적 진보와 인터넷 환경으로 새로운 변화가 시작되고 있다. 그것이 STO(Security Token Offering) 토큰증권 시장이다. 새로운 시장 출현 시기에는 항상 누가 먼저 시장에 접근하고 성공하는지에 주목해야 한다. 기술적 진보로 생기는 새로운 시장은 새로운 기업과 새로운 사업이 자리 잡을 수 있는 거의 유일한 기회이기 때문이다.

시장이 만들어지는 시기에만 기존의 거대 기업이 자본을 투자하기 전에 신규 사업자에게도 투자 기회의 문이 넓게 열린다. 또한 새로운 시장에 접근한 사업자가 10년이 지나서 자리를 잡으면, 그곳이 새로운 시장 구조에서 대기업이 되어 있고, 시장의 문은 서서히 닫히기 마련이다.

현재 언론 자료를 보면, 하나금융경영연구소는 2030년쯤에 한국 STO 토큰증권 시장 규모를 367조 시장으로, 미국 시티은행은 6,000조 시장으로 예측하고 있다. 한국 STO 토큰증권은 계속 발전하는 중이지만, 아직은 법제화 후 많은 부분들이 출발선에 있다. 본격적인 STO 토큰증권의 시대가 열린 후에도 5년간은 법적 제도적 변화와 시스템 변화, 시장 변화 시기로 참여 기회가 충분히 있다고 판단된다. 그러니 이 시기가 새로운 기회가 아닐 수 없다. 새로운 시장에 참여해서 많은 수익과 새로운 창업을 할 수 있는 기회인 것이다.

이 책은 미래에 더욱 큰 시장이 될 한국형 STO에 관심 있는 분들에게 작은 도움이 되도록 구성했다. 한국에서 진행된 STO 관련 정부발표와 행사들로, 2023년 4월 7일 국회의원회관 제1세미나실에서 열린 '토큰증권 미래에 가져올 변화는?', 2023년 4월 5일 BCMC 과기부와 KISA 진행의 '블록체인, 토큰증권 시대를 준비하다', 2023년 8월 10일 금융감독원에서 진행된 '투자계약증권의 실무 교육' 등 최근 현장 소식을 최대한 반영해서 정보를 담으려 했다.

한국형 STO 관련 사업 분야에 관심을 갖고 있거나 사업 기회를 모색하는 분들에게 도움이 되길 기대하는 마음으로 이 책을 만든다.

차례

2장 STO 토큰증권 국가별 동향

3장 STO 토큰증권과 IT

4장 STO 토큰증권과 세금

1장
한국형 STO 토큰증권의 개념과 원리

①
한국 STO를 어떻게 알아볼까?

STO(토큰증권)는 나라마다 제도적으로 기술적으로 적용하는 방식이 다르고, 사업의 진행 속도도 차이가 많이 나는 편이다. 또한 STO 사업은 새로운 금융시장으로서의 성격이 짙어서 향후 5년간 많은 변화가 올 텐데, 개인이나 기업들이 이 사업에 진출하거나 투자 기회를 잡기 위해서는 종합적인 이해가 필요하다. 그래서 한국형 STO 시장을 이해하고, 향후 발전 방향을 예측하기 위해서는 다음과 같은 내용을 알아보는 것이 필요하다고 생각했다. 책 준비를 하면서 최대한 최근 정보를 수집해서 정리한 것이다.

1. 2023년 2월 금융위원회, 금융감독원, 한국거래소, 예탁결제원이 공동으로 작성한 토큰증권(Security Token) 발행, 유통 규율체계 정비방안이 현재까지 나온 서류 중 가장 중요한 한국형 STO 진행 방향이다. 따라서 이 내용을 알아보고, 특히 금융위원회가 준비하고 있는 내용을 정리해보겠다.

2. 국내에서 진행 중인 한국형 STO 사업의 중요 사업자인 증권 회사들이 어떻게 대처하고 있는지 알아보자.

3. 현재 활발히 진행되는 미국, 일본, 싱가포르 등은 각 나라마다 다른 형태를 가지고 있다. 각 나라의 STO 토큰증권 상황을 비교해서 알아보자.

4. 정부 정책 방향과 시장 환경이 각 나라마다 다르므로 한국 STO 토큰증권을 이해하려면 법적 제도적 장치를 각각 나라마다 다르게 이해해야 한다. 이에 각 나라의 STO 토큰증권 상황을 비교해서 알아보겠다.

5. 한국형 STO 관련해서 예측되는 세무 관련 정보와 자본시장법에 대하여 알아보자.

6. 한국형 STO에서 블록체인 기술을 이해하고, 나라별 STO 시스템을 비교해보며, 미래 사회에 대해 알아보자.

STO 관련 사업은 분명히 여러 나라에서 다양하게 사업 영역을 확장해나가고 기술적으로 진보될 사업이다. 이 책에서도 부족한 정보들이 있을 테지만, 다만 한 가지 꼭 말하고 싶은 것이 있다. 한국 STO 사업을 이해하기 위해서는 이 책에서 준비한 내용과 금융위원회와 금융감독원의 정책 발표를 잘 확인해야 한다는 것이다. 금융사업은 제도적으로 인허가 등 정부 정책을 따라야 하는 내용들이 많고, 영향을 크게 받기 때문이다.

또한 한국과 다른 나라의 STO 사업은 본질적 성격은 같지만 발행 방식과 유통 구조가 달라서 같은 조건으로 판단하면 안 된다는 점에 유의하자.

세금 부문은 최종적으로 기본 내용은 정해지겠지만, 한동안은 변화가 많을 것이다. 특히 코인시장에서 보았듯이, 과세 여부와 세율 등에 따라서 STO 시장은 크게 영향받을 것이다. 그래서 과세 방식과 과세 기간이 향후 3~5년간 변화가 있을 수 있으니 잘 확인해서 좋은 투자시기를 놓치지 않기를 바란다.

마지막으로 STO는 금융시장에 기술적 진보를 통해 이루어진 새로운 사업으로, 기본적인 STO 발행 형태는 같을 수 있지만 새로운 형태의 기술을 담을 수 있다는 점에 주목하자. 예를 들어 향후에는 특정한 STO를 보유한 사람만 참가할 수 있는 공연, 전시회, 시제품 사용권, 팬미팅, 여행상품, 호텔 숙박권 등이 늘어날 것이다. 즉 STO를 소지한 사람의 신분확인 등이 실시간으로 가능한 기술들을 활용한, 보다 확장된 STO로 진보할 것이다. 이러한 기술적 진보를 하는 회사의 상품이 인기가 더 있을 것은 물론이다.

따라서 향후 STO 사업을 하고자 하는 분이나 토큰증권에 투자하는 분들도 관심을 가지고 봐야 할 내용들이 이 책의 내용이다.

②
STO 토큰증권이란?

STO(Security Token Offering) 토큰증권은 전통적인 금융 자산(주식, 채권, 부동산 등)을 블록체인 기술을 활용하여 디지털 토큰으로 발행하는 개념이다. 이는 자산을 블록체인 상에 표현하고 거래할 수 있게 함으로써 투자 효율성을 높이고, 거래 프로세스를 투명하고 안전하게 만드는 것이다. 토큰증권은 기존 주식 시장이나 금융 시스템과 블록체인 기술을 결합하여 자산 소유권과 거래를 관리하는 새로운 방식으로 볼 수 있다.

여기서 한 가지 추가로 설명하자면, 내가 만나본 분들 중에는 기존 비트코인 같은 코인과 업비트 등에서 거래하는 유통구조와 STO가 무엇이 어떻게 다른지 물어보는 분이 많았다.

일단 간단히 설명하면, 코인은 비트코인으로 시작해서 알트코인, 디파인으로 발행 단계에서 대중적인 채굴 개념의 코인, 투자 백서를 만들어 투자자 모집을 통해 발행되는 코인 등이 중심이었다. 일부 다른 코인도 있지만, 코인의 기본적 내용은 양자 간과 다자간 거래와

계약을 기록하는 기능을 가진 장부 기능과 은행을 대신하는 기능을 포함하는 것이다. 물론 다양한 기술적 코인도 있고, NFT 시장에 사용되는 코인도 있다.

현재 한국 금융 당국이 생각하는 STO 토큰증권은 기존 코인과는 완전히 다른 것이다. 토큰증권의 가정 중요한 점은, 발행 단계에서 충분히 자산적 가치가 있거나 입증된 자산담보를 가진 상품만을 금융감독원에서 엄격히 심사해서 승인하는 증권이란 것이다. 비트코인 등 초창기 대부분의 코인은 개인이나 회사에서 자체적으로 만들어 유통을 시작하며 코인에는 사실상 재산상 담보가 없는 데 반해, 모든 STO에는 담보성 재산이 있다.

유통 단계도 증권과 같이 정부 감시, 감독 하에 이루어진다. 그래서 업비트, 빗썸과 같은 코인 거래소에서는 토큰증권 거래를 할 수 없다. 금융위원회에서는 혹시 국민들이 착오하지 않도록 토큰증권 시장을 코인 시장과 철저히 분리하고자 한다.

③
한국형 STO 제도 방향

국내 금융당국이 발표한 내용을 검토해보면, 한국형 STO(토큰증권) 시장의 가장 큰 특징은 발행과 유통 기업을 구분한다는 사실이다. 현재 우리나라 조각투자 거래소인 음원거래 뮤직카우, 그림거래 아트투게더는 음원 및 그림을 구매하여 본인들이 운영하는 시스템에서 돈을 모집하고, 매매 중개, 정산 모두를 하고 있다. 발행과 유통을 구분하고자 하는 가장 큰 이유는 토큰증권에 투자하는 투자자 보호다. 이를 위한 조치로 입법 단계에서부터 발행과 유통을 구분하고 있다.

한국형 STO(토큰증권) 관련 국회 세미나에 참석한 금융위원회 자본시장정책국 담당 국장은 여러 질문에 답을 하면서 "대형 증권사들이 발행과 유통을 동시에 할 수 있도록 하자는 건의를 계속해오고 있지만 분명히 발행과 유통은 동시에 할 수 없도록 검토"했다고 발언했다. 대형 증권사들이 발행과 유통을 둘 다 하게 된다면 새롭게 참여할 수 있는 중소기업들이 제한적이게 된다. 따라서 많은 기업들에게 참여할 수 있는 기회를 주기 위해서라도 발행과 유통을 구분하고자 한다는 뜻이다.

또 다른 한국형 STO(토큰증권) 시장의 가장 큰 특징은 토큰증권이 새로운 증권 상품인 투자계약증권 개념이라는 것이다. 그리고 한국형 STO(토큰증권)를 거래할 수 있는 별도의 장외거래소를 신설한다는 것이다. 현재 증권을 거래하는 증권사와 별도로 한국형 STO(토큰증권)만을 거래하는 STO(토큰증권) 장외거래소를 앞으로 입법 후 시행령을 거쳐 새로운 기준에 맞게 신설하고 운영한다는 계획이다.

이러한 내용을 정리하여 2023년 2월 4일 금융당국은 토큰증권(Securities Token) 관련 가이드라인을 발표했다. 가이드라인의 주요 골자로는 1) 디지털자산의 증권 여부 판단원칙에 대한 예시 및, 2) 토큰증권의 발행·유통 규율체계정비 방안 등이 포함되었다.

금융당국이 발표한 토큰증권이란, 1) 분산원장 기술을 활용한, 2) 자본시장법상 증권을 디지털화한 것을 의미한다. 이는 1) 디지털 자산 측면에서 증권이 아닌 자산(소위 가상자산)과 대비되며, 2) 증권 제도 측면에서는 기존 실물 증권과 전자 증권에 이은 증권의 새로운 발행 형태라는 점에 의의를 가진다. 또한 금융당국은 현재 모든 증권은 발행 형태와 상관없이 자본시장법의 규율 대상이 된다고 설명한다. 이에 따라 토큰증권에는 투자자 보호와 시장질서 유지를 위한 공시, 인·허가 제도, 불공정거래 금지 등 기존 증권들에 적용되던 규제가 모두 적용된다. 한편, 증권이 아닌 디지털 자산에는 자본시장법이 적용되지 않고, 향후 국회에서 입법이 추진되고 있는 '디지털 자산 기본법'에 따라 규율 체계가 마련될 예정이다.

④
금융위원회 발표 한국 STO 구조

증권 여부 판단원칙 제시
☐ 증권에 해당하는 디지털 자산에는 현재도 증권규제 전면 적용 ☐ 그러나 디지털 자산의 증권 여부 판단에 대한 어려움이 제기되고 있으며, 특히 투자계약증권의 적용례가 부족
→ 증권 여부 판단의 기본원칙 등을 제시해 법 위반 가능성 방지 ☐ 발표 후, 개별 사안별로 디지털 자산의 증권 여부 판단 및 후속조치 진행 ☐ 자본시장법과 디지털 자산 기본법이 함께 디지털 자산 시장 전반을 규율

2023년 2월에 발표한 '토큰증권 발행, 유통 규율체계 정비방안'에 STO의 핵심 구조가 들어 있다. 즉 증권에 해당하는 것들에 블록체인 기술을 합친 형태로 STO 발행 및 유통을 하고, 관리 법규는 현행 증권관련 법으로 통제한다는 것이다.

신규 성격의 제도에는 '투자계약증권' 내용을 첨부하여 다양한 증

토큰증권과 디지털 자산의 규율체계

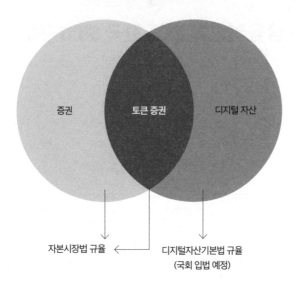

증권   토큰 증권   디지털 자산

자본시장법 규율 ←   디지털자산기본법 규율
                          (국회 입법 예정)

권 형태의 발행을 할 수 있다. 단 '투자계약증권', 예를 들어 현재도
조각 투자되는 그림, 음원 사용료 등의 신규 상품에 대해서는 지속적
인 관리체계를 만들어갈 예정이다.

⑤
금융위원회 발표 한국 STO 발행과 유통 구조

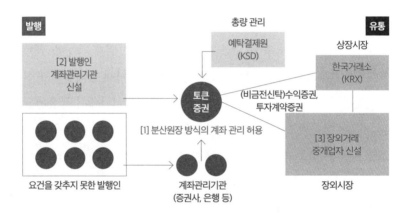

2023년 2월에 발표한 '토큰+증권 발행, 유통 규율체계 정비방안'에 담긴 STO 핵심 발행과 유통 구조도이다.

한국 STO 발행과 유통 구조에서 나타나는 가장 큰 특징은 발행인, 계좌관리기관, 장외거래 중 발행인과 계좌관리기관의 발행 기업과 유통을 담당하는 중개업자가 분리된다는 사실이다.

미국 시장에서는 기업이 발행과 유통을 하는 방식이 있는데, 한국 STO 발행과 유통 구조에서는 발행과 유통을 철저히 다른 사업자가 해야 한다는 사실이다.

이런 점은 2023년 4월 7일 국회세미나에서 금융위원회 자본시장정책국 이윤수 국장이 확실히 밝힌 바 있다. 발행과 유통을 동시에 할 수 있도록 하는 증권사들의 많은 요청이 있었지만 확실히 분리 사업자로 할 것을 밝힌 것이다. 이유는 새로운 한국 STO 발행과 유통 시장에서 증권사의 독점을 막고, 발행과 유통을 분리함으로써 시장의 투명성, 투자자 보호를 잘할 수 있기 때문이라고 밝혔다.

한국 STO 발행과 유통 구조에서 나타나는 두 번째 특징은 한국 STO 발행과 유통 구조에는 새로운 형태의 장외거래 중개업자가 신설된다는 사실이다. 역시 2023년 4월 7일 국회세미나에서 금융위원회 자본시장정책국 이윤수 국장은 장외거래 중개업자는 신규 사업자로 새로운 기준의 자격을 가진 사업자를 선정, 허가할 것이라고 밝혔다. 또한 장외거래 중개업자에는 기존 코인 거래소 업자의 참여는 불허할 것이라는 입장을 밝혔다.

⑥
금융위원회 발표 한국 STO 상품

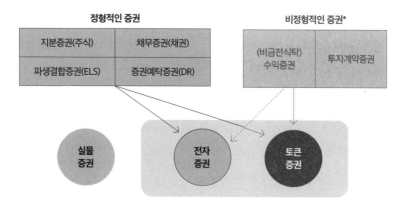

정형적인 증권

| 지분증권(주식) | 채무증권(채권) |
| 파생결합증권(ELS) | 증권예탁증권(DR) |

비정형적인 증권*

| (비금전신탁) 수익증권 | 투자계약증권 |

실물 증권 · 전자 증권 · 토큰 증권

*비정형적인 증권: 실제 발행 및 유통되고 있지 않은 증권을 의미함

2023년 2월에 발표한 '토큰증권 발행, 유통 규율체계 정비방안'에는 STO 대상 상품에는 수익증권, 투자계약증권을 포함할 것을 명시했다. 수익증권, 투자계약증권은 다양한 수익 사업권, 지적재산권, 문화 콘텐츠 등에 다수의 참여자가 투자할 수 있도록 만든 증권이다. 예를

들어 투자자는 BTS(방탄소년단)가 속한 하이브 회사 주식에 투자하기는 부담스러워도, 하이브가 BTS(방탄소년단) 신규 앨범에 투자 상품을 만들면 투자자들은 앨범에만 투자할 수 있는 것이다.

투자계약증권은 형식적으로 앞으로 다양한 여러 형태의 STO 증권이 발행되어 유통될 수 있도록 법제화하는 제도를 만든 것이다.

2023년 8월 10일 금융감독원에서는 투자계약증권에 관한 업무 교육에서 현재 일부 다단계에서 이루어지는 공동투자 형태, 시범 운영적인 음원, 미술품 등 다양한 조각투자 형태 등에서 투자자 보호를 할 수 있도록 제도화하는 것에도 목적이 있다고 밝혔다. 이 제도가 정착될수록 투자자들은 조각투자, 공동투자 상품에 대해 STO가 됐는지를 중요한 판단 근거로 살피게 될 것이다. 토큰증권 상품은 금융감독원이 증권 상품에 대한 검증과 안전장치 등을 사전에 심사했으므로, 좀 더 안전한 투자 상품임을 입증했다는 증거가 되기 때문이다. 또한 투자수익도 명확한 계약 내용을 확인하여 정산받을 수 있고, 거래소를 통해 손쉽게 투자금 회수를 할 수 있는 것이다.

새로운 형태의 수익증권과 투자계약증권과 함께 기존의 증권 등도 여기에 포함될 것으로 보인다. 증권 중에서 선택적으로 기존의 전자 증권 형태로 유통되거나, 증권 발행자가 신청하면 STO로 발행하여 유통할 수 있게 할 것으로 예측된다.

금융위원회 관계자는 STO 시장이 만들어지면 지금까지는 기존의 좋은 상품에 투자하는 기회가 국민연금, 기관 투자자, 전문 투자자, 금융투자기관 등 전문적인 투자자이거나 투자회사를 중심으로 제한

적으로 이루어졌다면, 앞으로는 좋은 조건의 많은 증권형 상품들에
다수의 국민들이 투자하는 기회를 가질 수 있을 것이라고 말했다.

⑦
토큰증권 생태계

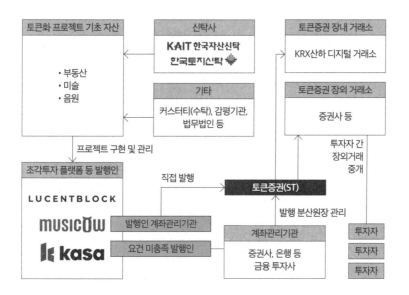

향후 관련법의 구체화 여부에 따라 세부적인 내용은 달라지겠지만,
토큰증권(STO) 생태계에는 크게 3개의 주체가 존재할 것으로 예상

된다.

① STO 기초자산: 토큰 발행을 위한 실물자산이다. 토큰화할 자산의 가치평가 후 이것은 증권형 토큰 발행사에 넘어간다. 부동산, 미술품, 저작권 등 실제 실물 가치를 지닌 자산에 해당하는데, 특히 기존에 유동화가 제한적이고 접근성이 낮았던 자산일수록 자산을 소싱하는 자산 소싱 업체의 역량이 중요해질 전망이다.

② 토큰증권 발행사(Security token issuer, 발행 프로토콜): STO 프로토콜 플랫폼은 블록체인 기반의 네트워크(메인넷) 및 프로토콜(규칙) 등을 만들고 실제 토큰을 발행한다. 특히, 실물 기반 자산의 법적 정의가 중요한 만큼, 실제 네트워크에 KYC(실명인증), AML(자금출처 확인) 등의 기능을 담당하는 적합한 검증인(또는 블록체인 노더)의 구성이 중요해질 전망이다.

③ 토큰증권 유통 플랫폼: 발행된 증권형 토큰을 2차 시장에서 거래할 수 있는 유통 플랫폼이다. 미국의 경우 tZero, Securitize 등이 대표적인 거래소이며 생태계 내 가장 많은 수수료 수익을 취하는 주체다. 현재 국내는 물론 해외에서도 토큰증권을 유통하기 위해서는 대체로 기존 금융사에 준하는 기능이 요구되며, 국내는 이를 '투자매매 중개업자' 라이선스를 가진 주체로 제한하고 있다.

⑧
수익증권, 투자계약증권

미술품   부동산   음원   선박

영화   문화 예술 콘텐츠   로봇   공연전시

탄소배출권   신재생에너지   명품   와인

STO 대상의 수익증권, 투자계약증권은 비정형적인 증권으로 현재 다양한 형태로 표현되는 '조각투자'라는 개념의 상품이다. 이들 상품은 현재 법규상에는 특정화되지 않은 형태의 투자 형태로 현재 샌드박스를 통해 허가를 받고 시범적으로 발행 즉 투자를 유치하고 유통되는 형태다.

예를 들어 뮤직카우의 수익형 음원 공동 투자를 보면 투게더 아트에 그림 공동 구매 형태로 이루어져 있는데, 금융위원회에서는 뮤직카우의 음원 상품이 음원 전체의 지적재산권을 가진 형태가 아니기에 일시적으로 신규 음원 상품 발행 등을 못하게 하고 많은 검토를 진행했다. 조각투자 형태의 사업 등을 검토 후에 앞으로는 제도권 안으로 들어오게 해서 투자자를 보호하는 방식의 사업으로 진행한다고 발표했다.

2023년 8월 10일 금융감독원에서는 투자계약증권에 관한 업무 교육을 실시했다. 교육 내용에는 시중에서 말하는 조각투자 상품을 신규 투자계약증권 형태로 보고, 투자계약증권의 심사 업무 부서를 별도로 구성해서 증권형으로 승인한다고 한다. 실무 교육에는 투자계약증권에 해당하는 상품에 신청 및 주요 심사 기준 등을 소개했는데, 변호사의 계약 검토 의견서, 신청한 증권의 향후 피해 대책 등은 필수 검토 사항이고, 신청한 상품에 심사비용, 심사 기간 등을 고지했다. 금융위원회 실무 담당자는 국회회관 토론회에서 투자계약증권 STO의 가장 중요한 점은 투자자의 안정성을 최우선 과제로 놓은 것이라고 표현했다.

디지털 자산의 증권 판단 예시

디지털 자산의 증권 판단 예시

구분	내용
증권에 해당할 가능성 높은 경우	• 사업 운영에 대한 지분권을 갖거나 사업의 운영성과에 따른 배당권 및 잔여재산에 대한 분배청구권을 갖게 되는 경우(예: 지분증권) • 일정기간 경과 후 투자금을 상환받을 수 있는 경우(예: 채무증권) • 신탁의 수익권을 갖게 되는 경우(예: 수익증권) • 자본시장법상 기초자산의 가격변동에 연동하여 사전에 정해진 방 식대로 달라지는 회수금액을 지급받는 경우(예: 파생결합증권) • 새로 발행될 증권을 청약 취득할 권리가 부여된 경우 • 예탁된 다른 증권에 대한 계약상 권리나 지분 관계를 가지는 경우 (예: 증권예탁증권)

	• 발행인이 투자자의 금전 등으로 사업을 수행하여 그 결과로 발생한 수익을 귀속시키는 경우. 특히 투자자 모집 시 사업을 성공시킬 수 있는 발행인의 노력 경험과 능력 등에 대한 내용이 적극적으로 제시된 경우(예: 투자계약증권) • 투자자에게 지급되는 금전 등이 형식적으로는 투자자 활동의 대가 형태를 갖더라도, 해당 대가의 주된 원천이 발행인이 투자자의 금전 등으로 사업을 수행한 결과로 발생한 수익이고 해당 대가가 투자자 활동보다는 사업 성과와 비례적인 관계에 있어 실질적으로 사업 수익을 분배하는 것에 해당하는 경우. 특히 투자자 모집 시 사업 성과에 따른 수익 분배 성격이 적극적으로 제시된 경우(예: 투자계약증권)
증권에 해당할 가능성 낮은 경우	• 발행인이 없거나, 투자자가 가진 권리에 상응하는 의무를 이행해야 하는 자가 없는 경우 • 디지털 자산에 표시된 권리가 없거나, 사업 수익에 대한 투자자의 권리가 없는 경우 • 현재 또는 미래의 재화 서비스의 소비 이용을 목적으로 발행되고 사용되는 경우 • 지급결제 또는 교환매개로 활용하기 위해 안정적인 가치유지를 목적으로 발행되고 상환을 약속하지 않는 경우 • 투자자가 사업의 관리 운영에 일상적으로 참여하여 사업에 대한 정보비대칭성이 없는 경우 • 투자자가 사업의 성패를 좌우하는 중요한 재화 용역을 제공하고 그 대가에 해당하는 금전 등만 지급받는 경우 • 실물 자산에 대한 공유권만을 표시한 경우로서 공유목적물의 가격 가치 상승을 위한 발행인의 역할 기여 및 이익귀속에 대한 약정이 없는 경우

⑩
토큰증권과 코인의 차이

'STO'와 'coin'은 암호화폐 및 블록체인 관련 용어 중에서 다른 개념을 나타낸다.

• STO(Security Token Offering)

STO는 보안 토큰 발행을 나타낸다. 이는 기존의 금융 자산을 블록체인 기술을 사용하여 토큰화하는 프로세스를 가리킨다. 이러한 토큰은 기업 주식, 부동산, 자산 및 기타 유가 증권 등과 같은 형태의 보안을 나타낼 수 있다.

STO는 일반적으로 규제 기관에 의해 감독되며, 투자자들에게 보다 안전하고 규제 준수가 되는 투자 기회를 제공하기 위해 발행된다.

• Coin

코인은 블록체인 네트워크상에서 사용되는 디지털 화폐다. 이는 Bitcoin, Ethereum, Litecoin 등과 같은 암호화폐를 의미할 수 있다.

코인은 일반적으로 특정 블록체인 네트워크나 플랫폼에서 사용되거나 교환된다. 이들은 보통 특정 목적을 가진 자체적인 블록체인 네트워크를 기반으로 하며, 주로 지불 수단 또는 디지털 자산으로 사용된다.

요약하자면, STO는 기존 자산을 블록체인으로 토큰화하여 투자 기회를 제공하는 것이고, 코인은 블록체인 네트워크에서 사용되거나 교환되는 디지털 화폐를 의미한다. STO는 증권 형태의 디지털 자산이며, 코인은 일반적으로 특정 블록체인 네트워크에서 발행된 디지털 화폐를 나타낸다.

참고로 스위스 FINMA 가이드라인에 따른 토큰 분류를 보면, 코인 중에서 자산형 토큰 형태가 기본적으로 STO와 유사한 형태다. 하지만 우리나라에서는 제도적으로는 발행 단계에서 구분되어, 유통 구조가 완전히 다를 수 있다. 코인거래소에서 유통되는 코인은 증권형 토큰(STO) 장외거래중개소에서 동시에 유통되지는 않을 것 같다.

스위스 FINMA 가이드라인에 따른 토큰의 분류

지불형 토큰	• 특정 재화나 서비스를 구입할 때 지급결제 수단으로 쓰임 • 송금 또는 가치를 이전하는 데 사용 • 자금세탁방지 규정 준수 요구되지 않아 증권으로 취급되지는 않음 • 비트코인, 이더리움 등이 해당
유틸리티 토큰	• 블록체인을 기반으로 만들어진 애플리케이션이나 서비스를 이용할 때 사용 • 대체로 규제 대상이 아님 • 발행 시점에 투자(Investment) 성격을 가지고 있다면 증권법 적용 받는 자산형 토큰으로 볼 수 있음
자산형 토큰	• 향후 이익과 미래 현금흐름에 따라 배당을 받는 등 지분증권의 성격을 갖는 토큰 • 또는 금과 같은 상품이나 부동산 등 실물 자산을 담보로 하는 자산형 토큰 • 주식 성격을 갖는 증권형 토큰의 경우, 증권법 규제 대상

자료: FINMA

⑪
STO 관련 주요 개정 법안

한국형 STO를 하기 위해서는 몇 가지 법안 개정이 필요하다. 우선 발행 관련해서 자본시장법을 기본으로 한 개정이 필요하고, 새로운 형태의 증권인 토큰증권 발행을 위한 전자증권법 개정을 추가하는 내용이다.

전체적으로 기존 자본시장법을 일부 수정하는 내용으로, STO 발행과 관련하여 큰 내용의 변화는 없을 것으로 예상된다. 토큰증권을 이해하기 위한 자세한 정보로서 기존의 자본시장법을 이해하는 것도 필요하다. STO 유통 관련한 내용도 자본시장법 일부 내용을 개정하면 되는 것이고, 유통을 담당할 새로운 형태의 장외거래중개소 신설은 국무회의를 통한 시행령으로 법적 절차를 완성할 것이라고 한다.

단 장외거래중개소 허가를 위한 시설, 규모, 인적구성 등에 관해서는 아직 구체적인 내용이 발표되기 전이다. 2023년 4월 7일 국회 의원회관 세미나 중 금융위원회 자본시장정책국에서 나온 토론자는

'가능한 중소기업 등에게 참여할 기회를 주려고 한다', '기존의 코인 거래소는 허가해주지 않을 것이다'라고 발언하기도 했다.

	과제	요조치사항	추진일정
발행	토큰증권 수용	전자증권법 개정	'23.上법안제출
	발행인 계좌관리기관 도입	전자증권법 개정	'23.上법안제출
	전문투자자 사모	자본시장법 개정	'23.上법안제출
	소액공모 한도 확대	자본시장법 시행령 개정	'23년 내
	소액공모 II 도입	자본시장법 개정	'23.上법안제출
	토큰증권 공모 간주	증권의 발행 및 공시 등에 관한 규정 개정	전자증권법 개정 후속
유통	투자계약증권 유통제도 적용	자본시장법 개정	'23.上법안제출
	장외거래중개 인가 신설*	자본시장법 시행령 개정	자본시장법 개정 후속
	소액투자자 매출공시 면제*	자본시장법 시행령 개정	자본시장법 개정 후속
	디지털증권시장 신설*	자본시장법 시행령 개정	자본시장법 개정 후속

⑫
STO 관련 제도화 및 법안 진행상황

- 2023년 2월 토큰증권 발행, 유통 규율체계 정비방안 발표
  (작성자: 금융위원회, 금융감독원, 한국거래소, 예탁결제원)
- 가상자산 이용자 보호 등에 관한 법률
  (법률 제19563호, 2023년 7월 18일 제정 + 시행 2024년 7월 19일)
- 금융감독원 2023년 8월 1일 보도자료
  투자계약증권 발행에 대비한 공시, 심사체계 개편사항
  - 토큰증권 발행에 대한 기준안 발표
- 2023년 8월 10일 - 금융감독원 본원
  - 금융 및 관련 업체 한정 실무 및 제도 설명회
- 토큰증권 관련 입법예고
  전자등록법 개정안 발의(7.28)
  - 분산 원장을 이용한 발행인 계좌관리기관 정의, 등록요건 등
  전자시장법 개정안 발의(7.28)
  - 투자계약증권 관련 유통규제, 장외거래, 투자한도 등
- 전자증권(일반) 관련 입법예고
  전자등록업 규정 개정안(2.27)
  - 증권신고서를 통해 모집/ 매출되는 투자계약증권은 전자등록 대상에 포함

- 현재는 실물발행 또는 기타 법적으로 인정 가능한 방법으로만 발행 가능
- (출처) 2023년 8월 10일 - 금융감독원 투자계약증권 발행관련 교육
- 2023년 12월 15일 미술품 투자계약증권 발행 승인
  (열매컴퍼니 - 쿠사마 야요이의 호박 작품)
  2023년 18일-23일 투자계약청약 진행
- 투자계약증권 추가 승인 예정 내용
  2024년 1월 12일 서울옥션블루 - 미술품 - 공모가액 7억 원
  2024년 1월 16일 투게더아트 - 미술품 - 11억 8200만 원
  2024년 1월 23일 스탁키퍼 - 송아지 - 8억 6680만 원

2023년 8월 1일 금융감독원은 한우, 미술품 조각투자 사업자에 대한 증서위 사업 재편 승인(7.12) 등으로 투자계약증권 최초 발행(8월 중)이 가시화됨에 따라 23년 7월 31일자로 투자계약증권 1) 증권신고서 서식을 전면 개정하였고, 2) 투자계약증권 전담 심사팀(공시심사실) 안에서 운영하여 공동사업 내용 및 증권발행구조, 투자자 보호 체계를 중심으로 엄격하게 심사할 예정이라고 발표했다.

이후 2023년 8월 10일 금융감독원은 투자계약증권 발행 관련 실무 교육 등을 실시했고, 토큰증권 상품이 될 투자계약증권 발행과 관련한 세부적인 심사 기준 등을 설명했다.

이 자리에서 법제화를 위한 개정안 발의 내용을 소개했고, STO 법제화를 위한 내용들이 정리되어 국회에 개정안 승인을 대기 중이다. 개정안이 통과될 때를 대비한 실질적인 진행을 금융감독원, KRX 등이 준비하고 있다는 것을 알 수 있었다.

⑬
발행인 계좌관리기관 허가 기준

토큰증권 유통 체계의 경우, 기존 제도권 증권 시장에 준하는 수준의 규제 요건이 적용될 전망이다. 실제로 금융당국은 채권중개전문회사 요건 등을 감안해 유통 사업자의 인가요건을 정할 예정인데, 이에 따라 신규 사업자의 유통 사업 진출보다는 증권사 등 인프라를 갖춘 기존 중개업자들의 라이선스 획득이 용이할 전망이다.

발행인 계좌관리기관(안)

	내용
분산원장	분산원장 요건을 충족할 것
자기자본, 물적설비, 대주주, 임원요건	의견수렴을 거쳐 추후 확정 예정
인력요건	법조인, 증권사무 전문인력, 전산 전문인력 각 2인
손해배상	투자계약증권 발행량에 비례한 기금 적립
총량관리	최초 발행수량 변동 일정 주기 시 암호화된 명세를 전자등록기관(KSD)에 통보 → 필요시 KSD가 비교 검증

자료: 금융감독원

⑭
장외거래중개업 허가 기준

토큰증권 발행 체계의 핵심은 '발행인 계좌관리기관'의 도입이다. 기존 서면 및 전자증권은 증권사를 통해서만 증권을 등록할 수 있었으나, 토큰증권은 일정 요건을 갖춘 발행인이 직접 증권을 등록하는 것을 허용하게 된다. 이에 따라, 조각투자 플랫폼 등 기존 관련 산업을 영위하고 있던 업체들은 발행 사업을 위해서 계좌관리기관 라이선스 취득이 필요할 것으로 예상된다.

장외거래중개업 요건(안)

	내용
자기자본, 물적 인적, 대주주, 임원요건	채권전문중개회사 수준을 감안 의견 수렴을 거쳐 추후 확정 예정 • 자기자본: 증권 유형(인가단위)별로 자기자본 요구 예정

업무범위	증권시장 외에서 투자계약증권/수익증권 매매의 중개업무 • 동시에 다수의 자를 당사자로 하여 종목별로 매수호가 또는 매도호가와 그 수량을 공표 • 당사자 간의 매도호가와 매수호가가 일치하는 가격으로 매매거래를 체결
투자한도	일반투자자의 연간 투자한도 제한 • 수익증권에 비해 도산절연, 비정형성 측면에서 투자위험이 높은 투자계약증권의 투자한도를 더 낮은 수준으로 정할 예정
대상증권	공모발행 및 소액투자자(발행총량의 5% 이내 소유, 발행 인수 주선인 및 그 특수관계인 제외) 소유 투자계약증권, 수익증권
업무기준	중개신청의 방법, 중개신청의 취소 및 정정의 방법, 매매체결의 원칙 및 방법, 착오매매 정정의 방법, 매매체결내용의 통지방법, 매매계약의 이행 방법, 기록의 작성 유지방법, 발행인 현황 공시방법, 불량회원 제재기준, 이상거래 적출기준 등을 정할 것
금지행위	발행 인수 주선한 증권의 매매 중개 금지, 정보 제3자 제공 누설금지, 매매 중개업무와 다른 업무 간 결부 금지
기타	예탁금 건전성 권유 광고 등에 대해서는 증권사와 동일 규제 적용

자료: 금융감독원

⑮
한국 STO 사업 성공 요건들

1. 신규 증권 상품 발굴

1) 장기적으로는 영화, 엔터테인먼트, 미술품 등 다양한 상품이 필요하다.

2) 기존의 조각투자사와 제휴 또는 협업 강화

3) 유망한 자산 보유사 발굴 및 제휴하여 상품 발굴

2. 경쟁력 있는 사업 파트너 제휴

1) 발행사 경우: 유통사, 계좌관리기관, 기술 회사 등

2) 유통사 경우: 자산보유사, 발행사, 기술회사, 증권사, 은행 등

3) 혁신금융서비스, 글로벌 진출 등에 사업전략 수립해서 장기적으로 사업을 공유할 업체들 관계를 만들어갈 필요가 있다.

3. 유동성을 위한 적극적인 협력 관계 형성

1) 발행사 경우: 다양한 유통사를 통해 발행한 증권 상품이 적극적으

로 거래되도록 해야 한다. 발행된 증권이 유통 시장에서 거래를 통해 수익도 발생하고 현금화가 잘 이루어져야 추가적인 상품 발행이 잘 될 수 있기 때문이다.

2) 유통사 경우: 초창기에는 회원 확보가 거래소 가치와 향후 시장 점유의 중요한 자산이 될 것이다. 새로운 시장에 얼마나 많은 회원들을 유치하는가가 유통사 성공의 기초가 될 것이다.

4. 지속적인 전문기술회사와의 제휴

1) 발행사나 유통사 모두 블록체인 기술발전을 반영할 수 있도록 전문기술 기업과의 협력 관계가 중요할 것이다.

2) 안정된 대용량 거래와 개인정보 보호, 해킹 방지, 거래 신뢰성 등 보안성과 안정적 거래 지원을 위한 기술 개발이 계속되어야 할 것이다.

3) 토큰증권의 계약형태와 투자 형태 상품마다 다른 정산을 해야 하므로 각 상품에 맞는 정산 방식 프로그램 개발과 수익금 배분을 위한 시스템 개발이 이루어질 수 있는 회계적, 기술적 제공을 준비해야 한다.

전통적인 증권과 토큰증권의 차이

증권은 금융상품을 일컫는 말로, 회사나 정부 등이 자금을 조달하거나 투자자에게 투자 기회를 제공하기 위해 발행하는 금융상품을 말한다. 이는 일반적으로 주식, 채권, 파생상품 등으로 구성되어 있다.

주식(Stocks) 회사의 소유권을 나타내는 증권으로, 해당 회사의 일부를 소유하고 있는 것을 의미한다. 주식을 소유하면 해당 회사의 이익과 손실에 참여할 수 있다.

채권(Bonds) 채무증권으로, 회사나 정부가 자금을 빌려주는 것. 채무자는 일정 기간 동안 이자를 지급하고 만기에 원금을 상환하는 약정을 말한다.

파생상품(Derivatives) 주식, 채권, 환율 등과 같은 기초자산에 대한 가치를 파생시켜 거래되는 상품으로, 선물, 옵션, 스왑 등이 있다. 이는 기초자산의 가격 움직임에 따라 가치가 변동된다.

증권 시장은 투자자들이 자금을 유동적으로 이동시키고 투자할 기회를 제공하는 곳으로, 증권은 주식 거래소, 채권 시장, 파생상품 시장 등에서 거래된다. 이러한 증권은 투자자들이 자산을 다양화하고 수익을 창출하는 도구로 활용된다.

토큰증권도 기존 증권과 비슷한 발행, 거래, 결제와 청산 절차를 거친다. 하지만 전통적인 증권은 전자증권 형태로 실물이 있지만 토큰증권은 실물토큰이 없으며 발행과 거래 모두 분산원장 네트워크 상에서 이뤄진다.

기존의 증권과 함께 토큰증권도 자본시장법상 같은 규제를 받을 것이므로, 법을 준수해야 할 의무가 있고 위반 시 처벌받을 수 있을 것이다.

그리고 금융위에서는 토큰증권은 발행 규모와 유통 단계에서 투자자의 투자금 제한을 두는 것으로 일단 발표했다. 2023년 2월 금융위원회 발표에서 공모 규모와 투자자 투자한도 제한에 대한 구체적인 가이드라인이 발표되었지만, 최근에는 시장 활성화와 현실성 반영 등의 논의로 확실한 공모 규모와 일반 투자자 투자 금액 한도 등은 아직 확정되지 않은 것으로 보인다.

공모 규모와 특히 투자자의 투자금 규모는 토큰시장 정착과 활성화에 가장 큰 영향을 미치는 변수 요인 중 하나이다.

기존 증권과 토큰증권의 비교

단계		기존 증권	토큰증권
1차 발행	발행	• 발행인: 발행 규모 및 주관사 결정 • 주관사: 증권발행 주관	• 발행인: 발행 규모 및 발행 플랫폼사 결정 • 발행 플랫폼: 토큰증권 발행 주관 • 투자자: 발행 예정인 토큰증권을 공모가로 청약(주로 적격투자자만 허용) 등 검토중 • 발행플랫폼: 스마트계약을 이용해 투자자에게 토큰증권 배정
	청약 배정	• 투자자: 거래소 상장 예정인 증권을 주관사 계좌를 통해 공모가로 청약 • 주관사: 증권 발행 주관	
	명의 변경	명의개서대리인: 주주명부 관리 기록	명의개서대리인: 주주명부 관리 기록

2차 시장	주문 체결	•투자자: 거래소에 상장된 증권을 브로커-딜러 통해 주문	•발행인 발행 플랫폼: 발행 플랫폼에서 거래 플랫폼으로 토큰 연결 •거래 플랫폼: 토큰 상장 및 관리 •투자자: 원하는 토큰이 상장된 ATS에서(브로커-딜러 통해) 토큰 주문
청산		중앙청산소를 통한 청산, 소유변동내역 장부에 기록	중앙청산소를 통한 청산, 소유 변동 내역 분산원장에 기록

* 증권관련 법규 준수는 동일함

⑱
STO 시장에 대한 증권사 견해

STO 사업이 가시화되면서 증권사들도 분주해졌다. 증권사들이 STO에 관심이 많은 이유는 무엇보다 플랫폼 활성화 때문이다. 한동안 광풍에 가까운 코인 시장 열기에 따라 많은 고객이 가상자산 거래소로 이동했다. 고객을 잃어버린 증권사에게 무엇보다도 증권사 활성화를 위한 특별한 기회가 필요한 시점에 STO는 중요한 기회가 될 것이라고 한다.

특히 증권사 입장에서는 미래의 고정적인 고객이 되는 20~30대가 더 큰 고민이라고 했다. 수입이 생기는 20~30대 때부터 이들을 고객으로 만들어야 하기 때문이다. 최근 몇 년간 한국 사회에서는 대학생 때부터 이들이 가상자산 거래소 고객으로 굳어지는 경향이 있어 이들을 유입할 만한 새로운 투자유인 상품으로 STO는 큰 장점이 있다고 분석하고 있다.

더불어 현재 상장사 주식거래 중심으로 운영되는 증권 시장은 시장 규모에 큰 변화가 없었는데, STO 사업이 증권사에게 시장 확대를 가져올 확실한 기회로 보고 있다.

최근 여러 세미나에서 증권사 관계자가 하는 주제 발표 내용이나 현장 실무자 의견을 정리하면 몇 가지 공통점이 있다.

첫째, 모든 증권사가 STO 사업에 참여해야 한다는 것은 확실하다.

둘째, 법무팀을 중심으로 STO 사업을 검토하는 증권사가 많다.

셋째, 블록체인 기술과 IT가 결합된 사업이기에 수익성과 사업규모를 예측하기 어렵다는 점에서 내부적인 시스템을 갖춘 실질적인 투자는 아직 미정 상태인 곳이 많았다.

넷째, STO 시장을 맞아 다양한 협의체를 MOU 형태로 대비하고 있다.

다섯째, STO 관련 스타트업체에 대한 지분 투자나 기업 인수 등이 진행되고 있다.

⑲
증권사의 STO 활동 현황

2023년 상반기 증권사들의 STO 활동 현황을 보면, KB증권, NH투자증권, 신한투자증권 등 대형 증권사들은 관련 사업을 위해 협력사를 규합한 STO 협의체를 구성하고 있다.

제일 먼저 시작한 곳은 신한투자증권으로 'STO 얼라이언스'를 만들었다. 신한투자증권 설명으로는 토큰증권 산업 성장에 맞추어 안전한 자산을 토큰화하고 다양한 기업이 협업하는 조직을 만들고자 한다는 것이다. 또한 신한투자증권 회원 기업들에게 STO 발행 비용을 절감케 하면서 새로운 자금 모집 기회를 제공해 유통 솔루션, 블록체인 기술 컨설팅 및 연동 등을 지원할 계획이라고 한다.

NH투자증권은 'STO 비전그룹'이라는 이름의 협의체 출범식을 했다. 여기에는 NH투자증권을 비롯해 조각투자사업자(투게더아트, 트레저러, 그리너리), 비상장주식중개업자(서울거래비상장), 블록체인 기술 기업(블록오디세이, 파라메타), 기초자산 실물평가사(한국기업평가) 등 8개 사업체가 참여했다.

KB증권은 'ST오너스'를 구성했다. 주요 사업자로는 스탁키퍼(한우), 서울옥션블루(미술품), 펀더풀(공연 전시), 하이카이브(실물자산 기반 STO 발행 유통 플랫폼), 웹툰올(웹툰), 알엔알(영화 콘텐츠 배급) 등이 참여했다. SK C&C, EQBR, 하이파이브랩, 웨이브릿지 네 곳의 기술 전술 전문 기업도 참여했다.

이밖에도 한국투자증권은 카카오뱅크, 토스뱅크와 함께 토큰증권 협의체 '한국투자 ST 프렌즈'를 결성했고, 키움증권, 대신증권, 하나증권 등 대형 증권사들도 조각투자 플랫폼 기업에 투자하거나 업무협약, 인수 추진 등을 하고 있다.

은행 계열 증권사들 중에는 전업 증권사도 스타트업에 투자하거나, 금융지주 계열사를 중심으로 STO 협의체를 구성하고 있다.

증권사 STO 활동 현황

증권사	주요 STO 활동
KB증권	스탁키퍼, 서울옥션블루, 펀더풀 등 10개사와 ST 협의체 신설
NH투자증권	투게더아트, 트레저러, 그리너리 등 7개사와 STO 비전그룹 신설
신한투자증권	다수 제휴사와 STO 얼라이언스 협의체 구성
미래에셋증권	디지털자산 TF 출범, HJ중공업 한국토지신탁과 STO 협약
키움증권	뮤직카우, 비브릭, 펀드블록글로벌, 테사 등과 협업
대신증권	카사 인수
한국투자증권	루센트블록 투자, 카카오뱅크 토스뱅크와 협의체 '한국투자 ST프렌즈' 구성
한화투자증권	람다256과 파트너십
SK증권	열매컴퍼니, 펀블, 바른손랩스 등과 협업
유진투자증권	바른손랩스와 업무협약

⑳ 투자계약증권 신청서 작성

2023년 8월 10일 금융감독원에서 진행한 '투자계약증권 발행, 심사 설명회' 내용을 정리하면 다음과 같다.

1. 뮤직카우, 미술품, 한우 등 현재 진행되는 조각투자에 대하여 투자계약증권으로 판단한다.
2. 증권 신고서는 서면으로는 받지 않고 전자서면(DART)으로만 제출한다.
3. 제출된 투자계약증권에서는 1) 공동사업구조 등 투자계약 해당여부 자체 검토 2) 다른 증권을 통해 발행 가능한지 여부 검토 3) 투자자 보호체계 구축 등을 검토할 것이다.
4. 제출된 내용에서 형식에 맞는지, 중요사항 누락이 없는지, 기재 내용 중 거짓기재 사항 없는지, 투자자 보호 체계와 관련한 기재 부분을 중심으로 심사한다. 만일 자진정정, 정정요구 시 서식 미준수, 중요사항 기재누락 등이 발생하는 경우, 효력발생일의 재산정

등 청약일정이 지연될 수 있다.

5. 투자자 보호를 위한 작성 지침의 중요 사항을 정리하면 다음과 같다.

1) 소유권자임을 법적으로 입증할 수 있는 방법과 기초 자산의 보관위치를 확인할 수 있는 방법을 기재한다. 도산 위험에 대해 법적 절연되는지 여부 기재, 소유권 입증 또는 도산 절연이 제대로 이루어지지 않을 경우 발생할 수 있는 투자위험을 상세히 기재한다.

2) 투자자 예치금의 경우 외부 금융기관의 투자자 명의 계좌에 별도 예치 또는 신탁 등 관리 방법을 기재한다.

3) 유통시장의 경우 증선위 결정에 의한 유통시장 폐쇄 및 폐쇄에 따른 투자자 보호방안 등을 기재한다.

4) 투자판단에 필요한 중요사항(예: 가치평가법, 투자위험, 매각기간 등)을 동 증권신고서 등에 적정하게 기재하고 있는지 여부와 발행인의 광고기준을 기재한다.

5) 투자자 피해보상체계는 발행회사 또는 공동사업자의 과실로 인하여 투자자 손실이 발생하는 경우 회사의 손해배상 지급기준 등 보상체계를 기재한다.

6) 회사의 사업 중단 시 독립된 제3자의 업무 수행에 관한 사항으로 독립된 제3자 투자대상의 보관, 관리, 처분, 청산 업무 수행 체계 등을 상세히 기재한다.

7) 상기 1~6과 관련하여, 업계 표준안 또는 가이드라인(이와 유사한 것)을 포함한다.

㉑
투자계약증권 신청 시 중요 포인트

2023년 8월 10일 금융감독원에서 진행한 '투자계약증권 발행, 심사 설명회' 내용 중에서 별도 설명한 투자계약증권 상품의 필수 요건은 다음과 같다.

1. 객관적인 투자계약증권의 가치 평가 방식으로 공모가격 산정

   투자계약증권의 경우, 객관적 외부평가기관(회계법인, 감정평가법인 등)의 가치평가(발행인의 가치평가에 대한 2차 검증 포함)를 거친 후 이를 근거로 공모가격을 결정하는 것을 원칙으로 하되, 기초자산 특성 등에 따라 예외적으로 내부평가를 한 경우에는 해당 사유 및 타당성을 상세히 기재한다.

2. 가치 평가를 하는 경우에는 전문인력 등 내부 전문성 및 객관적인 근거(내부평가에 대한 외부기관, 검증내역, 신뢰할 수 있는 통계적 자료 등)를 제시한다.

   예시) 소를 조각투자 상품으로 한 경우, 시장에서 소값 시세가 계

속 변동함으로써 확정할 수 없다면, 이런 경우 몇 년간의 소값 시세를 반영하는 방식 등을 소개했다.

3. 변호사의 법률검토의견서 필수 사항

투자계약증권을 공모하는 경우에는 투자계약증권 해당여부, 공동사업구조의 적법성 또는 법률적 위험, 증권신고서에 기재된 투자계약 및 배분에 관한 사항이 관련 법규 및 계약관계 서류에 비추어볼 때 진실하고 정확하다는 변호사의 법률검토 의견을 요약 기재하고 전문은 첨부한다.

4. 회사의 사업 중단, 회사의 부도 및 회사 폐업 시 등을 대비한 구체적인 구제방안 등을 가장 중요한 심사 기준으로 했다. 이런 경우를 대비한 계약 내용이 잘 정리됐는지, 실현 가능성이 있는 방식인지가 변호사의 법률 검토 의견서에 포함되어야 한다고 설명했다.

㉒
열매컴퍼니 1호 투자계약증권

2023년 12월 15일에 미술품 투자계약증권 발행을 위한 열매컴퍼니의 증권신고서가 승인되면서 투자계약증권 1호의 투자금 모집이 진행되었다.

　투자 작품은 쿠사마 야요이의 〈호박〉(2001년작)으로 투자 모집금액은 12억 3200만 원이다. 주당공모가액은 10만 원, 개인당 300주까지만 청약 가능하다. 조각투자는 2023년 18일에서 22일까지 진행되었고, 투자계약 청약률은 650.23%를 달성했다,
　모집 목표 금액 12억 3200만 원은 청약 개시 1시간 만에 달성했고, 총 72억 980만 원(7만 2098주)의 청약신청이 되었다. 청약 경쟁률은 6.5 대 1로 최소 40만 원(4주) 이상 신청했을 경우 1주를 배정받을 수 있다.
　1호 상품의 시작으로 2024년 1월에 승인을 기다리는 상품으로는 서울옥션블루(그림)-7억, 투게더아트(그림)-11억 원, 1820만 원, 스탁

키퍼-가축투자계약증권(송아지) 8억 6680만 원이 있다.

현재 투자계약증권은 발행만 가능하기 때문에 배당 혹은 기초자산 매각 말고는 주주가 수익을 낼 수 있는 방법이 없다. STO 전문 장외거래소가 운영되기 시작하면, 이 증권들에 따른 정산 방식 외에도 가격상승의 차액 및 정산 전 현금화의 길이 열릴 것이다.

1호 투자계약증권 신청 서류 내용과 구성

1호 투자계약증권 투자계약증권의 신고 서류 내용을 정리해보면 다음과 같다.

신청 서류는 약 300쪽이고, 구성은 1) 증권신고서 및 대표이사 등의 확인 2) 제1부 모집 또는 매출에 관한 일반사항 3) 제2부 발행인에 관한 사항으로 되어 있다.

제1부 모집 또는 매출에 관한 세부내용은 이렇다.

1) 공모개요, 공모방법, 공모가격 결정방법, 모집 또는 매출절차 등에 관한 사항, 인수 등에 관한 사항
2) 증권의 주요 권리 내용
3) 투자위험요소(사업위험, 회사위험, 기타위험)
4) 인수인의 의견(분석기관의 평가의견)
5) 자금의 사용목적

그리고 그 밖에 투자자 보호를 위해 필요한 사항으로 구성되어 있다.

제2부 발행인에 관한 사항은 회사 관련 내용으로 회사의 주주, 재무상황 등 회사의 회계 보고서 성격의 내용이라고 보면 될 것 같다.

자금의 사용 목적과 비용 신고 내용을 정리하면 다음과 같다.

구분	금액(원)
기초자산 취득 금액(선매입)	1,120,000,000
발행 제비용	112,000,000
모집 또는 매출 총액	1,232,000,000

발행 제비용 내역		
구분	금액(원)	계산근거
발행인 매매차익	38,141,200	작품 선매입에 따른 발행인 매매차익
발행분담금	1,108,800	모집예정금액의 0.09%
자문 수수료	33,550,000	외부감정평가 수수료, 법률자문 비용 등
예비비	39,200,000	
합계	112,000,000	

㉔ 한국 STO 시장의 예측 문제와 해결 과제

블록체인 기술 특성을 반영한 토큰증권의 발행과 유통에 관한 절차규정 및 세부규제 정비 필요

- 현재 금융위원회 발표 내용에는 한 업체에서 코인 발행과 유통을 동시에 관리하면서 발생했던 문제점 때문에 토큰증권의 발행과 유통 분리를 분명히 명시하고 있다. 이로 인해 예결원 관여로 인한 비효율과 고비용 문제 등이 생길 수 있기에 이에 대한 해결 방안도 필요해 보인다.

- 투자위험 공시, 규제 등의 기준이 너무 엄격하면 시장 형성이 제약되어서 시장 활성화에는 약점이 될 수도 있다.

- 예탁결제원의 선관주의 의무내용과 수준 규정

- 토큰증권의 선의취득 문제(개인키 탈취 등)에 대한 해결 방안 등에도 지속적인 제도적 보완이 필요해 보인다.

- 토큰증권의 저가 증권화 시 투기적 요소(Penny Stock Rule)와 주체별 책임성 문제가 발생하는 것에 대비해야 한다.

- 토큰의 증권성 여부 심사와 공시 방안 등도 시장 확대가 되면서 계속적인 관리 방안이 추가되어야 안정적이고 투명한 투자 시장이 형성될 것이다.

STO 자금조달 효율성을 높이고 투자자 보호를 강화하기 위한 제도적 정비 필요

- 자본시장법과 전자증권법 제도에 STO의 취지와 기술적 특징을 반영한 제도적 방안이 필요하다. 토큰증권의 경우 기술적으로 전자증권보다 더욱 다양한 기술적 기능이 포함한 증권 발행이 되도록 제도적 방침과 유도가 필요하다.
- 비효율적 미러링 방식 탈피를 위한 법제도 정비가 필요하다.
- 개인의 투자한도와 범위 제한 문제는 초기 금융위원회에서 제시한 가이드가 있으나, 토큰증권 시장 형성에 미칠 영향이 큰 만큼 초기 가이드 금액에서 재논의를 하고 있다. 왜냐하면 투자한도가 너무 적은 경우 시장 형성이 제약되어서 시장 활성화에는 큰 약점이 될 수 있기 때문이다.
- 자본시장법상 발행공시(증권신고서 제출) 및 부정거래행위 규정, 사업자 규제 및 유통공시 규제 적용 방안을 마련해야 한다.
- 예치 또는 신탁 등 시스템상 투자자보호 장치와 보호 방안을 마련해야 한다.
- 한국거래소의 디지털자산 시장으로 토큰증권 이관 시 발생하는 기술적, 제도적 문제도 계속적인 검토를 하고 있는 사항이다. 토큰증

권이란 기술적으로 새로운 거래 형태라서 최종안이 나오는 데 시간
이 필요해 보인다. 당연히 지속적으로 시스템적 연구가 필요해 보
인다.

플러스 Tip
투자계약증권의 주요 Q&A

다음은 2023년 8월 10일 금융감독원에서 진행한 '투자계약증권 발행, 심사 설명회' 내용 중에서 투자계약증권 발행과 관리에 대한 주요 Q&A이다.

1. 투자계약증권 실물 발행이 반드시 필요한가?

Ⓐ 반드시 실물 증권을 발행해야 하는 것은 아니다. 법령상 실물 발행이 필수적인 것은 아니며, 미 발행 시에도 투자계약서, 공증 등을 통해 투자자 권리 확인이 가능하다. 또한 용지, 규격 등 기준이 없어 실물발행 시 위·변조 등의 우려가 있으며, 업체별 증권 내용 및 양식 차이로 인한 투자자 혼란이 생길 가능성이 있다.

2. 투자계약증권 발행 시 배정 방식에 제한이 있는가?

Ⓐ 조각투자의 소액 대체투자 성격 및 공동소유권을 부여하는 사업 구조를 고려할 때, 제한 없는 선착순 또는 비례배정 등 소수 특정인에

게 배정이 집중될 수 있는 방식은 부적절하다. 1인당 투자 한도 제한 등 특정인에 대한 집중 방지 장치를 마련함이 바람직하다고 하겠다.

3. 투자계약증권 발행 시 청약기간에 제한이 있는가?

A) 청약기간은 자율적으로 설정 가능하다. 다만 지나치게 장기간으로 설정할 경우 청약기간 중 기초자산의 가치 변동, 결산기 도래로 인한 추가 서류 제출 등 이슈가 생길 수 있다는 점을 고려할 필요가 있다.

4. 다수 투자계약증권 발행시점이 다르더라도 동일 신고서에 포함할 수 있는가?(기초자산 종류가 같으면 동일 신고서를 쓸 수 있는가?)

A) 동일 사업구조 등 기초자산 개별 특성 외에는 투자위험 기재 사항 등이 같아 투자자 오해나 우려가 없는 건은 동일 신고서로 발행 가능하다.

1) 동일 미술가의 개별 작품들을 동일 증권신고서 내 다른 투자계약증권으로 발행할 수 있으며, 발행시점이 달라도 가능하다.

2) 기초자산의 종류가 동일하고, 투자자 보호 관련 우려 사항이 없는 경우, 동일 증권신고서로 제출 가능하다.

3) 투자자의 혼동 가능성을 줄이기 위해 동일 증권 신고서 내에 5개 이하로 합산 발행하는 것이 바람직하다.

5. 투자계약증권 대상 기초자산은 물권에만 한정되지 않고 채권적 청구권도 가능한가?

Ⓐ 채권적 청구권이라고 무조건 가능한 것은 아니며, 도산절연 등 투자계약증권으로 인정될 수 있는 구조여야 한다.

6. 사업운영인력과 투자자 보호 인력의 겸직 가능 여부는?

Ⓐ 발행인 임직원에 대한 겸직 관련 사전적 규제는 없다. 다만 겸직과 관련하여 이해 상충이 있다고 판단할 경우, 이해 상충 가능성과 관리방안을 공시해야 한다.

7. 발행인이 내부 전문인력을 활용해 자체 평가를 한 경우 이에 대한 2차 검증은 필수적인가?(2차 검증은 외부 자문위원이 포함된 내부 투자심의위원회도 가능한가? 신뢰할 만한 통계 자료를 제시하면 외부기관 검증은 필수가 아닌가?)

Ⓐ 2차적 검증은 필수적이며 외부기관에 의해 수행되어야 한다. 외부 자문위원이 포함된 내부 심의위원회는 외부기관에 해당하지 않는다. 신뢰할 만한 통계적 자료를 제시한다면 외부기관 검증은 필수적이지 않으나 국가, 공공기관 등이 관리하는 신뢰성 있는 정보여야 한다. (예시: 한우 조각투자의 경우 축산품질평가원이 공개하는 송아지 평균 경매가)

8. 외부감사보고서는 어떤 기준으로 제출해야 하는가?

Ⓐ 주식/채권 증권신고서의 외부감사보고서 첨부기준과 기본적으로 동일하다.

가. 최근 사업연도* 회계감사인의 감사보고서

나. 상기 감사보고서 기준일 이후 분·반기 결산일이 지난 경우: 분·반기 검토보고서 추가

증권신고서 제출시점이 분·반기 결산일이 지나 분반기 재무제표가 확정되었을 경우에는 분·반기 검토보고서 추가 필요

9. 감사보고서 외 기타 첨부 필요서류가 있는가?

A) 주관 시에는 주관회사의 적절한 주의의무 이행서류도 기타 첨부서류로 첨부할 필요가 있다.(그 외 기본적으로 필요한 정관 등은 DART편집기 첨부서류 목록에 기반영)

10. 분·반기 검토보고서는 어떤 기준으로 제출해야 하는가?

A) 증권신고서 제출 후에 청약일 전 분·반기 검토보고서가 확정되었을 경우에는 정정신고서를 제출하여 해당 분·반기 검토보고서 추가가 필요하다.

분·반기 재무제표 확정기한은 결산일 이후 45일이므로, 청약일 전 45일 기한 경과 시 반드시 해당 분·반기 검토보고서 추가 필요(정정신고서)

---

*   최근 반기, 분기, 월말 기준 감사보고서로도 제출할 수 있으며, 연결재무제표를 작성하는 회사의 경우 연결재무제표에 대한 감사보고서를 포함한다.

증권신고서 제출일/수리일	9월 말 기준 검토보고서 제출 필요 여부
9.29	-
10.31	9월 말 기준 재무제표(검토)가 확정되었다면 제출 필요
11.16	9월 말 기준 검토보고서 제출 필요
9.29 1차 제출	9월 말 기준 검토보고서 제출 필요(정정신고서)
11.16 청약일 시작	

11. 청약금(또는 청약증거금) 보관 계좌도 발행인과 도산절연이 필요한가?

Ⓐ 예치금 계좌와 마찬가지로 청약금 보관 계좌도 발행인과 도산절연이 되는 구조를 마련하는 것이 증선위 결정 취지에 부합한다.

12. 수수료와 관련하여 향후 발생하거나 금액 변동 가능성이 있을 경우 향후 결정 예정이라거나 변동 가능성이 있다고 기재해도 되는가?

Ⓐ 증권신고서 제출 시 제시한 사업구조에 따른 수수료는 모두 확정하여 기재하는 것이 바람직하다. 다만 투자자 동의 절차 등을 거쳐 향후 업무방식이 변경·갱신될 경우 변동 가능한 일부 수수료에 대해서는 변동 가능성과 그 사유를 기재할 수 있다.

13. 과세 관련 기재내용은 어느 정도 수준이 되어야 하는가?(현재 투자계약 증권 관련 과세 사례가 없어 국세청에 유권해석을 신청한 상태이나 유권해석 답변이 언제 나올지 모르는 상태임)

Ⓐ 유사한 성격의 펀드 증권신고서 또는 투자설명서 과세부문의 기재수준 등을 참고한다. 세무당국의 유권해석 전에 증권신고서를 제출해야 한다면, 유사 사례 및 세무자문 결과 등 투자자에게 과세 관련 충분한 예측가능성을 제공하고, 유권해석 결과에 따라 과세방법이 달라질 수 있다는 점도 고지한다.

14. 도산절연이 제대로 이루어지지 않을 경우 발생할 투자위험을 기재하라는 것은 도산절연이 반드시 필요한 건 아니라는 의미인가?

Ⓐ 도산절연장치는 반드시 필요하다.('도산절연이 제대로 이루어지지 않을 경우 발생할 투자위험을 기재하라는 의미'는 투자자에게 도산절연장치의 중요성을 알리고, 도산절연장치의 법적유효성 등을 꼼꼼히 따져봐야 한다는 취지임)

15. 분쟁처리기구에 외부 전문위원이 포함되어야 하는가?

Ⓐ 분쟁처리기구는 상설조직이 아니라 담당부서 등을 통한 자체 해결이 어려운 사정 등이 있는 경우 구성하는 것이므로 외부 전문가를 포함시키는 것이 바람직하다.(회사의 사외이사는 외부 전문위원으로 보기 곤란)

16. 공동사업자 범위는 어디까지 포함되는가?

Ⓐ 발행인 외에도 투자계약증권의 공동사업목적 달성을 위해 필요한 업무를 위탁 형태 등으로 담당하는 회사 등이 포함된다. 다만 투자계약증권의 특성과 무관하게 일반적인 증권 업무를 지원하는 기관(예: 청약증거금 관리기관 등)의 경우 포함시킬 필요는 없다.

17. 공동사업구조 관련 법률관계 기재는 어느 정도 수준으로 해야 하는가?

Ⓐ 투자계약증권의 비정형성 고려 시 공동사업구조 관련 법률관계 기재는 핵심사항에 해당한다. 이에 따라 민법 등 투자계약증권 관련 권리/의무관계 기초가 되는 법률조항, 관련 판례 등을 근거로 상세히 기재해야 하며, 필요 시 소관부처에 대한 유권해석 요청도 고려해야 한다.

18. 관련 법률 준수를 위해 증권신고서 기재 생략이 가능한가?

Ⓐ 기초자산 또는 개인정보 등 관련 법률* 허용 범위 내에서 투자자에게 최대한 충실한 공시정보를 제공하는 등 투자자 보호를 위해 노력해야 한다. 필요 시 소관부처에 대한 유권해석 요청도 고려한다.

---

*   저작권법, 개인정보보호법, 신용정보법 등

2장
STO 토큰증권 국가별 동향

① STO 뮤직카우(비상장)

뮤직카우는 2016년에 설립된 세계 최초 음악 저작권 거래 플랫폼이다. 음악저작권은 물론 B2C를 겨냥한 모든 대체자산 플랫폼 중 최초이자 최대 규모의 플랫폼. 2022년 3월 금융 당국이 투자계약증권 판단을 내렸고, 9월 혁신금융서비스 사업자로 지정되며 6개월간 사업재편 기간을 거치고 있다. 이제 수익증권 형태로 음악저작권 발행과 유통을 하게 되며 기존에 발행된 음악저작권도 수익증권 형태로 전환, 발행하게 된다.

음악저작권은 거래량이 풍부해 STO 요건에 부합하는 자산군이다. 이러한 기초자산 속성과 대형 조각투자 플랫폼이 갖는 강점으로 뮤직카우는 정부가 집중하는 STO 육성과 제도 마련에 기준이 될 가능성이 높다고 본다.

②
뮤직카우 주요 수익원

조각투자 플랫폼에서 발생하는 수수료와 뮤직카우가 자체적으로 저작권을 매입해 수취하는 저작권료 수익이 주요 수익원이다. 장기적으로 음악저작권을 활용한 금융상품으로 확장할 계획이며, 나아가 2022년 설립한 현지 자회사를 통해 미국으로의 확장을 준비 중이다.

③
뮤직카우 최근 투자처와 주요 주주

2018.08   Pre A 투자유치

2019.01   하나금융투자 등 시리즈 A 투자 유치

2020.05   LB인베스트먼트 등 시리즈 B, 70억 투자 유치

2021.06   한국산업은행 등 프리 시리즈 C, 240억 투자 유치

2022.04   스틱인베스트먼트 등 시리즈 D 투자 유치

2022.08   키움증권 시리즈 D 투자 유치

주요 주주: 키움증권, 스틱인베스트먼트, 한국산업은행, 엘비인베스
　　　　　트먼트, 한화자산운용 등

(자료: 언론기사, 삼성증권)

뮤직카우 공모상품 사례

	봄 안녕 봄	양화대교	BEASTMODE
가수	아이유	Zion.T	몬스타엑스
작사/작곡	아이유/나얼	Zion.T/Zion.T 등	주헌 등
발매일	2021.03.25	2014.09.22	2020.11.02
현재가(원)	62,200	17,400	17,800
저작권료(원)	2,229(3.6%)	618(3.6%)	2,078(11%)

참고: 2023년 2/15 기준

자료: 뮤직카우

④
STO 루센트블록(비상장)

루센트블록은 2018년에 설립된 부동산 수익증권 조각투자 플랫폼이다. 부동산 관리 서비스를 제공하여 부동산 금융의 모든 가치사슬을 장악하는 부동산 종합금융 솔루션을 제공, 2021년 4월 14일 금융위원회로부터 혁신금융 서비스로 지정되어, 대규모 자본금을 요하는 라이선스 확보 및 전자증권법 하에서 안전하게 관리되는 구조를 최초로 구축했다. 계좌관리기관인 하나증권, 신탁 수익증권을 발행하는 하나자산신탁과 협력하며, 자체 플랫폼 분산원장에 거래정보를 저장하게 하며 예탁원에도 동시 정보를 저장하는 '블록체인 미러링' 방식을 적용 중이다. 서비스 론칭 시점부터 독자적인 분산원장 기술을 도입해 여타 조각투자 플랫폼과 차별화에 성공했다.

루센트블록은 '소유' 플랫폼의 안정성과 효용성 제고에 가장 많은 투자를 해왔다. 자체 블록체인 기술 기반에 다수의 노드를 두어 운영함으로써 미래의 STO 환경인 '탈중앙화'에 대비 중이다. 이는 대부분의 조각투자 플랫폼들이 수익증권 혹은 투자계약증권 발행과 처분에만 집중하는 모습과 차별화되는 것이다.

조각투자 플랫폼 '소유' 외에도 컨시어지 솔루션 서비스를 운영 중인데 오피스/코리빙의 예약, 임대료/관리비 납부, 관리시스템 등 부동산 관리 서비스를 제공한다. 컨시어지 솔루션은 향후 '소유'에서 공모하는 부동산들을 관리하는 서비스로의 확장은 물론, 부동산 서비스 과정에서 축적된 정보를 활용해 공모 부동산 소싱 시 강점을 발휘함으로써 기초자산의 전문 역량을 내재화할 계획이다.

⑤
루센트블록 최근 투자처와 주요 주주

2020.04   서울대학교기술지주 등 Pre-A 투자 유치
2022.03   하나증권 등 시리즈 A, 170억 투자 유치

주요 주주: 캡스톤파트너스, 한국투자증권, 쿼드자산운용, 하나증권
            등

(자료: 언론기사, 삼성증권)

루센트블록 공모상품 사례

	대전 창업스페이스	이태원 새비지가든	안국 다운타우너
위치	대전광역시 유성구 농대로	서울특별시 용산구 회나무로	서울특별시 종로구 북촌로
건물가치 (원/주)	5,125	6,274	5,041
시가총액	8.2억	61.3억	38.7억
거래대금	493만	1,280만	533만
배당수익률	5%대로 추정	2.2%	4.4%

참고: 2023년 2/16 기준
자료: 루센트블록

⑥
STO 열매컴퍼니(비상장)

열매컴퍼니는 2016년 설립된 대표적인 미술품 플랫폼으로, 2018년 온라인 미술품 공동구매(조각투자) 플랫폼 '아트앤가이드'를 론칭해서 운영 중이다. 소유권 분할과 자산 유동화 금융기법으로 폐쇄적이던 미술품 투자의 진입장벽을 낮추고 있는 열매컴퍼니는 2022년 약 290억 원의 매출을 기록했으며 영업이익률은 10%로 추정된다. 매출의 절반은 아트앤가이드에서, 절반은 미술품 딜링(직접투자)을 통한 차익과 최근 신사업으로 확장 중인 미술품 담보대출에서 창출한다.

열매컴퍼니는 아트앤가이드 내 작품 공모와 처분 시 투자자로부터 수수료를 수취하지 않고 선매입한 작품의 지분 5~10%에 자기자본을 투자하고 나머지를 공모하는 방식으로 수익을 창출한다. 안정적인 투자수익을 위해서는 미술품 가격 산정 능력이 중요한데 미술품 전문성에 기반한 자체 인공지능 프로그램을 활용해 가격을 산정하고 매입/매각 거래를 한다. 열매컴퍼니는 다양한 미술 금융상품을 제공함으로써 종합 금융회사를 추구, 현재 조각투자 서비스는 이러한 최종 목표로 가는 과정에서 미술품 대중화에 기여할 수 있는 미술품 금융방식 중 하나다. STO나 담보 대출로 미술금융 시장이 커질 경우 미술품 시장 규모가 확대되고 다시 미술금융 시장이 성장하는 선순환을 기대해볼 수 있다. 미술품 시장은 폐쇄적이고 금융의 결합 수준이 낮다는 점에서 열매컴퍼니의 차별적 경쟁력이 부각되고 있다.

⑦
열매컴퍼니 최근 투자처와 주요 주주

2017.06 킹슬리벤처스 투자 유치(시드 1차)

2018.08 킹슬리벤처스 투자 유치(시드 2차)

2021.08 소프트뱅크벤처스 등 시리즈 A, 94억 투자 유치

2022.03 베이스인베스트먼트 등 시리즈 B, 170억 투자 유치

주요주주: 크로스로드파트너스, 소프트뱅크벤처스, 베이스인베스트
먼트, 산은캐피탈 등

(자료: 언론기사, 삼성증권)

아트앤가이드 공모작품 사례

	From line	News	Ishtar
작가	이우환	요시토모 나라	바스키아
국적	대한민국	일본	미국
주당 가격 (원)	170,000	150,000	91,000
크기	760×94.8cm	61.7×46.5cm	35.0×60.0cm
제작연도	1977	2011	1983

자료: 열매컴퍼니, 삼성증권

⑧
STO 테사(비상장)

테사는 2019년 설립된 미술품 투자 플랫폼이다. 2021년 스프링캠프 등으로부터 Pre-A 투자금 12억 원을 유치했고, 2021년에는 시리즈 A 투자 400억 원, 2022년에 키움증권과 교보증권으로부터 시리즈 A-2 투자를 유치하여 누적 투자액 총 150억 원을 돌파했다. 13만 명중 3.5만 명 이상이 투자로 이어지며 30% conversion rate을 보이는데 이는 이커머스 구매 전환율보다 높은 것으로 평가된다.

짧은 역사에도 아트테크 플랫폼 중 최다 유저수를 확보하게 된 데에는 테사만의 미술품 소싱/관리/매각 능력이 있다. 블록체인 기술로 이뤄지는 플랫폼 내 모든 사항을 자체 개발했으며 NH은행과 제휴를 통해 사용자 예치금을 안전하게 분리 보관하는 등 은행 특유의 엄격한 요구 수준을 모두 충족하여 플랫폼 안정성을 높인 것이다.

온라인 플랫폼 '테사' 외에도 성수동에 위치한 테사 뮤지엄에 분할 소유권이 판매된 작품을 전시 운영 중에 있다. 전 세계 30개 이상 갤러리와 파트너십을 맺어 블루칩 작품 소싱 및 매매에 강점 보유.

그간 사모 자금으로 미술품을 선매입한 후 작품을 공모하는 구조로 운영해왔으나 정식 STO 시장에 진입하며 공모자금으로 미술품을 구매함으로써 financing 부담을 덜고 건당 작품 매입액과 건수를 확대할 수 있다는 성장성을 확보했다. 최다 유저수와 축적된 경험, 블루칩 작가 중심으로 글로벌 시장에서 매입 매각이 이뤄진다는 점에서 초기 STO 시장을 선점할 경쟁력을 갖추고 있다.

⑨
테사의 최근 투자처와 주요 주주

2021.05 스프링캠프 등 Pre-A, 12억 원 투자 유치

2021.11 에코투자파트너스 등 시리즈 A, 40억 투자 유치

2022. 하반기 시리즈 A-2, 키움증권 20억, 교보증권 45억 등 투
자 유치

주요주주: 교보증권, 키움증권, 엘엔에스벤처캐피탈, 에코투자파트
너스, 메디치인베스트먼트 등

(자료: 언론기사, 삼성증권)

테사의 공모상품 사례

	Danseuse de dos	Three Landscape Pots	Nola(white Rain)
작가	에드가 드가	조나스 우드	뱅크시
국적	프랑스	미국	영국
누적 거래액 (십억 원)	7.7	3.0	7.5
크기	32×24cm	47×42cm	76×56cm
제작연도	19세기	2019	2008

자료: 테사

⑩
미국의 STO 진행 상황

미국의 STO 산업은 STO 기술사의 주도로 기존 금융사와 협업하는 방식으로 진행되고 있으며, STO 기술사는 발행공시의무 등록 면제 규정 등급과 갖춘 요건에 따라서 STO 유통/발행 등의 서비스를 제공하고 있다. 미국에서 주로 나타나는 토큰화 증권 사례로 mirrored stock이 있는데 이는 유동성을 높이기 위해 조각화된 주식이다.

미국은 토큰증권 발행 시 연방 증권법에 따라 SEC(Securities and Exchange Commission)에 등록하거나 증권법상 면제 규정을 적용받으며 토큰증권의 유통은 SEC 규제에 따라 기존 증권거래소와 유사하게 운영되고 있다. 1993년 증권법에 따라 토큰증권 발행의 경우 증권과 동일한 제재가 부과되며 Regulation D(사모발행), Regulation A(소액모집), Regulation CF(클라우드 펀딩) 등의 등록면제 규정이 적용된다.

토큰증권 거래플랫폼은 ATS(Alternative Trading System) 인가를 받아 SEC와 FINRA(Financial Industry Regulation Authority)에 브로커-딜러로

등록된다. 가장 많이 발행되고 있는 STO 유형은 Reg D(Regulation D 사모발행)다. Reg D는 등록이 면제되고 Form D를 사후 통지하면 되기 때문에 절차가 간편하여 가장 많이 발행되는 등급이다. 그러나 해당 증권에 투자할 수 있는 투자자 범위가 제한적이다. 미국의 대표적인 STO 플랫폼인 tZERO의 일간 거래량이 7,469 달러 정도다. 그 이유로 언급되는 것은 STO는 전통적인 증권과 동일하게 SEC법을 준수하여 코인에 비해서 투자접근성이 떨어지기 때문이다. 또한 새롭게 설립된 전용 거래소에서만 거래되고 있어 새로운 플랫폼에서 가입/사용을 해야 한다. 그리고 가상자산 시장에 비해서 투자상품이 제한적인 것도 한몫하고 있다.

⑪
미국 STO에 활용되는
발행공시의무 등록면제 조항

위에서 언급한 STO를 위한 면제조항의 개별 요건 충족 여부는 발행 및 거래플랫폼에서 법규준수에 관한 스마트계약을 통해 자동으로 검증되며, 요건 불충족 시 거래가 불가능하게 된다. 일반적으로 토큰증권 거래에서는 KYC와 투자 적격성이 검증된 투자자만이 화이트리스트에 등록되고, 화이트리스트에 있는 투자자만이 스마트계약에 따라 플랫폼에서 거래가 가능하다. 현재 토큰증권을 유통시키는 거래플랫폼 사업에 기존 금융업자와 신흥 가상자산산업자가 모두 참여하고 있으며, 향후 치열한 경쟁이 예상된다.

은행(HSBC 등), 증권거래소(SwissExchange 등), 가상자산거래플랫폼(Binance 등), 탈중앙화거래소(UNISWAP 등), 토큰증권거래소(tZERO 등)가 토큰증권 거래플랫폼 산업에서 경쟁하고 있다.

	Reg D:506(b)	Reg D:506(c)	Reg A+:Tier 1	Reg A+:Tier 2	Reg CF
SEC 제출서류	Form D	Form D	Form 1-A	Form 1-A	Form C
발행금액 한도 (12개월 내)	없음	없음	2,000만 달러	7,500만 달러	500만 달러
적격 투자자 이외의 투자자	숙련된 투자자 35인	불허용	허용	조건부 허용 (비적격투자자의 연수입 또는 순자산에 따른 투자 한도)	조건부 허용 (비적격투자자의 연수입 또는 순자산에 따른 투자 한도)
일반적 청약의 권유	불허용	허용	허용	허용	제한적 허용
유통제한	제한주식	제한주식	제한주식 아님	제한주식 아님	12개월 재판매 금지

출처: Xangle, 자본시장 연구원

⑫
미국 STO의 주요 플레이어

미국의 STO에는 토큰 발행인(블록체인 기업), 발행플랫폼(발행 주관 주체/주관사), 수탁인, 명의개서대리인, 거래플랫폼(대체플랫폼), 브로커-딜러(국내 투자매매-중개인과 유사)가 관여한다. 각 플레이어마다 요구되는 인가나 기술/지식이 상이하여 다양한 주체가 참여하고 있다.

증권형 토큰시장 참여자

주체	역할	인가
발행인	블록체인 기술을 이용해 증권형 토큰을 발행(STO)해 자금을 모집하고자 하는 주체	

수탁인(Custodian)	개인투자자가 토큰을 안전하게 보관할 수 있는 지갑(Wallet) 제공 발행 후 보호예수 기간 동안 토큰 보관	적격한 관리자 (Qualified Custodian) 자격 필요
명의개서대리인 (Transfer Agent)	DLT상 주주명부 생성/관리/증권배부/ 배당/ 공시/ 등 기업행동 (Corporate Actions) 대행 토큰 분실 시 분실된 토큰을 대체할 새로운 토큰 발행 지원	명의개서대리인 인가 필요
발행플랫폼 (Primary Exchange Platform)	블록체인 기술을 이용해 증권형 토큰의 발행 업무 대행	주로 브로커-딜러 인가 필요 * 발행플랫폼이 브로커-딜러 인가가 없는 경우 다른 브로커-딜러와 협업
거래플랫폼(Exchange)	토큰을 투자자에게 매매 중개	ATS. 브로커-딜러 인가 필요
브로커-딜러 (Broker-dealer)	투자자에게 거래플랫폼에서의 매매, 중개 서비스 제공	브로커-딜러 인가 필요
기타	청산기관, 스마트컨트랙트 회사, AML 업무 대행사 등	

미국 STO 플랫폼 예시

현재 미국 내 운영 중인 증권형 토큰 거래 플랫폼

플랫폼	비고
tZERO tZERO	• 증권 토큰화 원하는 기업들의 토큰 발행 지원, tZERO ATS라는 자체 거래소를 통해 2차 거래 역시 제공 • tZERO ATS를 통해 자사 그룹 지분 토큰(equity token)도 거래 소프트웨어기업 XYLab 주식 토큰화 • 2023년 1월 tZERO ATS의 일평균 거래규모는 6만 달러
INX	• 명의개서대리와 2차거래 서비스, INX Token, SPiCE VC, 블록체인캐피탈, Protos 등 증권형 토큰 거래 • 2021년 OpenFinance(ATS) 인수로 ATS 인가 획득 • 2022년 Token Soft 인수로 명의개서대리인 인가 획득

⊚SECURITIZE **SECURITIZE**	• 발행, 명의개서대리, 2차거래 서비스 제공 • Exodus의 지분, 일본 Sumitomo Mitsui Trust Bank의 ABS 토큰화 등 전통 금융상품을 토큰화 • 2차시장(Secondary market)인 Securitize market은 오전 8시부터 오후 8시까지 12시간 운영 • Securitize market 일 평균 거래량은 7,000달러 수준으로 매우 낮음

자료: 코스콤, 삼성증권

미국 플랫폼 시큐리타이즈(Securitize)

시큐리타이즈는 STO 발행부터 거래까지 제공하는 올인원 STO 서비스다. 투자자가 STO에 참여할 수 있는 Primary market과 증권형 토큰 거래가 가능한 Secondary market을 운영하고 있다. 퍼블릭 체인부터 허가형 블록체인 등 고객사의 니즈에 맞춰서 지원이 가능하고 블록체인 네트워크에 가상자산의 소유권과 이전을 기록할 수 있다. 시큐리타이즈에서는 주식과 같이 거래 이력과 입찰 현황에 대해서 확인할 수 있다. 가격 정보부터 자산 정보까지 열람할 수 있어 STO에 최적화된 거래 UI를 제공하고 있다. 거래한 이후에는 시큐리타이즈 서비스 내의 지갑에서 나의 개인지갑을 연동하여 송금할 수 있다. 시큐리타이즈는 지난 2022년 9월 대형 사모펀드인 콜버그크래비스로버츠(KKR)가 자사의 비상장 주식 펀드(PE펀드) 중 하나인 '헬스케어 전략성장펀드'를 아발란체 체인에서 토큰화했다. 이를 통해 초고액 자산가와 기관 투자자만 접근이 가능했던 비상장 헬스케어 펀드를 자산 50억 원 이상 고액 자산가도 투자할 수 있게 되었다. 이밖에도 자산운영사 해밀턴 레인의 펀드 일부를 토큰화하고 Exodus 지분의 STO 발행 등 기존 금융사와의 협업을 이어오고 있다.

⑮
미국 플랫폼 tZERO

tZERO는 STO 발행과 유통 라이선스를 얻기 위해서 다양한 회사를 인수했다. KYC와 AML 규정을 위해서 VerifyInvestor를 인수했고, STO 거래소를 운영하기 위해 대체거래소(ATS) SpeendRoute와 PRO Securities를 인수했다. tZERO는 Reg와 Reg A+를 지원하고 토큰증권을 이더리움과 알고란드 등의 메인넷에서 발행했다. tZERO 역시 STO의 원활한 거래를 지원하기 위해서 거래 차트와 주문/판매, STO 정보를 최적화하여 보여주는 데 노력하고 있다. 고객사의 STO 상품을 tZERO 거래소에 온보딩시키거나 고객사 홈페이지에 거래 화면을 연동해주는 서비스도 지원하고 있다.

미국 증권거래위원회의 STO 규제 현황

미국 증권거래위원회의 STO 규제 현황

Reg D	Rule 504	12개월간 $10,000,000까지 판매 가능
	Rule 506(b)	공모 또는 광고하지 않는 전제로 공인 투자자 무제한, 비공인 투자자 35인에 대하여 발행 가능
	Rule 506(c)	공모 또는 광고 가능, 공인 투자자에게만 무제한 발행 가능
Reg S		공모 또는 광고 가능, 공인 투자자에게만 무제한 발행 가능
Reg A+	Tier 1	12개월간 $20,000,000까지 판매 가능, SEC 승인 필요
	Tier 2	12개월간 $75,000,000까지 판매 가능, SEC 승인 필요
Reg CF		모든 대중이 투자할 수 있는 크라우드펀딩

Reg D("공인투자자" 또는 HK 500AKS 달러를 초과하지 않는 경우에만 제공)

Reg A(2년 재무제표가 미화 5천만 달러 이하인 회사의 경우)

Reg S(미국 밖의 회사만 사용 가능) JOBS Act 크라우드펀딩 규제(회사가 최대 미화

500만 달러를 조달할 수 있지만 12개월 동안 재판매를 방지하는 것)
Regulation CF(규제 크라우드펀딩 또는 Reg CF)는 미국법전의 한 섹션으로, 특히 주식 크라우드펀딩을 다루는 미국법전 제17조 제22조(2021년)항이다. 이 법의 섹션은 2016년 5월 16일에 시행된 2012년 잡스 법의 타이틀 III에서 비롯되었고, 2020년 11월에 개정되었다.

2008년 무분별한 자산유동화로 인해 서브프라임모기지 사태가 촉발되었다는 점에서 미국의 금융당국은 다양한 유형 무형 자산을 토큰증권화하는 데 재무 건전성 및 투자자 보호 관점에서 적절한 규제 수준을 유지해야 한다. 같은 맥락에서 OECD는 자산의 토큰화에서, 각국 정부가 자산 토큰화 관련 규제체계를 정비하고 국제적 협력을 강화할 것을 권고했다.

⑰
미국의 디지털 자산 과세제도

미국은 가상자산과 코인증권을 다르게 과세하지 않고 모두 자본자산으로 보아 전통적 금융상품과 동일하게 과세한다.

▶ 미국은 포괄주의에 따라 소득세를 과세하고 있어 사업목적 보유가 아닌 가상자산 양도 시 주식, 채권 등과 마찬가지로 자본이득세를 과세(IRS Notice 2014-21)

• 미국의 자본이득세는 보유기간 1년 미만인 경우 일반세율(10~37%)로 종합과세되고, 보유기간 1년 이상인 경우 장기자본이득으로 15% 또는 20%의 낮은 세율로 과세하고, 가상자산을 사업목적 보유하는 경우 일반세율로 과세

• 가상자산 양도로 손실 발생 시 다른 자본차익과 통산하고 자본차익을 초과하는 순자본손실에 대해서는 연간 3,000달러(부부합산) 한도로 일반소득에서 공제하고, 한도 초과되는 금액은 손실제한 없이 이월공제

▶ 코인증권은 증권법상의 증권에 적용되는 과세체계가 동일하게

과세되기 때문에 코인증권 양도 시 가상자산 및 주식, 채권 등 전통적 금융상품의 양도와 동일하게 자본이득세로 과세

• 코인증권 양도 시 세율, 손익통산, 손실공제는 가상자산 및 전통적 금융상품과 동일

⑱
미국의 STO 제도 정비 현황

미국은 신생 벤처기업의 자금 조달 수단으로 STO를 승인하면서 육성책을 폈다. SEC는 증권법이 아닌 JOBS법의 A+규정을 근거로 블록체인 기반 스타트업인 블록스택(Blockstack)의 STO를 정식 승인했다. JOBS법은 오바마 행정부가 2012년 만든 법으로, 신생 벤처기업이 자금을 조달하고 일자리를 창출할 수 있도록 IPO 절차와 규제를 대폭 간소화하는 내용을 담고 있다.

　신생기업은 기부, 후원, 대출, 지분투자 등 네 가지 중 하나의 유형으로 12개월 동안 최대 5,000만 달러의 자금을 조달할 수 있다. 블록스택은 SEC의 공식 등록 절차를 거쳐 사용자 토큰 형태의 STO 토큰을 발행했다. 블록스택 STO 구매자는 블록스택 플랫폼 상의 응용프로그램이나 서비스를 구입할 수 있다. 블록스택은 블록체인을 기반으로 클라우드 컴퓨팅 서비스를 제공하는 플랫폼 기업이다. 언제 어디서나 자유롭게 서버에 접속해 IT서비스를 이용할 수 있는 컴퓨팅 환경을 제공한다.

STO를 통해 2,800만 달러(약 335억 원)의 자금을 모을 수 있는데, 얼마 안 있어 블록체인 기업 유나우(YouNow)도 STO로 2,400만 달러를 조달했다. 이를 두고 SEC의 관리 감독이 적용되는 새로운 자금조달 체계가 확립되었다는 평가가 나왔다. 또한 미국은 2017년, SEC가 가상자산의 증권성 인정 시 연방증권법 적용을 명시하며 제도권 포섭을 염두에 둔 가이드라인 마련에 나섰다. 이어 2018년 아스펜리조트와 22X 등이 최초의 부동산 토큰화와 최초의 펀드 토큰화에 성공했다. 2022년에는 보스턴 증권 거래소가 SEC로부터 첫 거래소 인가를 받았다.

일본의 STO

일본은 STO에 금융상품거래법을 적용하여 제도권에 편입시켰으며, STO 시장 활성화를 위해 업계 주도의 STO 자율규제 기관이 존재한다. 2019년 5월, 2020년 5월 두 번에 걸친 개정을 통해 STO에는 금융상품거래법이 적용된다. 토큰증권은 금융상품거래법 제2조 제1항에 따라 주식이나 회사채 같은 유가증권을 전자기록 이전 유가증권 표시권리에 따라 발행한 것을 의미하며 여기에는 주식발행과 동등한 규제가 적용된다.

일본 STO협회는 2019년 10월 일본 대형증권사 6개사에 의해 설립되었으며, 2020년 4월 일본 금융청으로부터 정식 허가를 받아 STO와 관련된 업계 규칙과 지침을 제정하는 역할을 수행하고 있다. 이들 증권사들은 최근 사업영역 확대 및 추가적인 비용 절감이라는 양면적 과제를 맞이한 상황 속에서 STO를 통해 기존 사업과 연관된 새로운 사업영역을 확장하는 전략을 취하고 있다.

일본은 2019년 법 개정을 통해 가상자산을 '암호자산'으로 변경

했으며 암호자산을 기초자산으로 하는 파생상품 거래와 현물거래도 규제 대상에 포함시켰다. 여기서 가상자산을 지칭하는 용어로 '가상통화' 대신 '암호자산'이라는 용어를 채택한 것은 '자산'이라는 특징과 '분산원장' 기술을 강조한 것으로 해석할 수 있다. 2016년의 법 개정 당시 일본은 '가상통화'라는 용어를 채택했는데, 이는 당시 일본이 비트코인 등의 코인이 지니는 '통화'적 기능에 관심을 가졌다는 것을 의미한다.

일본의 토큰증권 현황

항목		내용	
광의의 토큰증권	일반적 토큰증권	금융상품거래법상 일반적 토큰증권	• 토큰화된 유가증권의 표시권리 예: 주식, 회사채 등의 제1항 유 가증권을 토큰화한 것 • 전자기록이전권리에서 제외된 것 예: 집단투자스킴 등의 제2항 유가증권을 토큰화한 것
			• 부동산특정공동사업법에 의거한 출자지분을 토큰화 한 것 예: 부동산 소액화 상품을 토큰화한 것 • 상기 이외의 자산(권리)을 토큰화한 것
			예: 회원권, 금전채권 등의 권리를 토큰화한 것

자료: 한국금융연구원, 일본 STO협회, 키움증권 리서치 센터

일본의 경우, 토큰증권은 금융상품거래법 제2조 제3항에서 유가증권에 표시되는 권리를 전자정보처리 조직을 이용하여 이전할 수 있는 재산적 가치로 표기한 것(전자기기, 기타물건에 전자적 방법에 의하여 기록된 것에 한함)으로 보고 있다. 전자기록 이전권리에서 '이전'은 블록체인 네크워크상 계정 간에 안전하게 이전할 수 있는 시스템을 프로그램으로 실현한 것을 말한다.

2020년 5월 자금결제법 개정 시 제2조 제5항에 따라 전자기록 이전 권리를 표시하는 물건을 제외한다고 정의했는데, 이는 지급결제 토큰에 대해서만 자금결제법이 적용됨을 의미한다. 수익분배권을 가진 자가 출자한 가상자금을 금전으로 간주하여 금융상품거래법을 적용했으며 가상자산을 금융상품에 포함시켰다. 이는 토큰증권이 금융상품거래법 제2조 제1항에 따라 주식이나 회사채 같은 유가증권(제1항 유가증권)을 전자기록 이전 유가증권 표시권리에 따라 발행한 것을 의미하며 주식발행과 동등한 규제가 적용됨을 의미한다.

일본의 암호자산 관련 주요 법 개정

시기	내용
2016년 법개정 요약	• 자금결제법, 범죄수익이전방지법에 대한 개정 • 가상통화로 정의되기 위한 요건 규정 • 가상통화 교환업무에 관한 등록제 도입 • 가상통화 교환업자의 업무에 관한 규제 • 가상통화 교환업체에 대한 감독
2019년 법개정 요약	• 자금결제법, 금융상품거래법 등에 대한 개정 • 가상통화를 암호자산으로 명칭 변경 • 암호자산의 교환, 관리에 관한 업무에 대한 대응 • 암호자산을 이용한 새로운 거래, 불공정 행위에 대한 대응 • 기타 정보통신 기술의 진전에 따른 대응

㉒
일본의 집단투자스킴

일본의 집단투자스킴은 투자신탁이나 투자법인을 제외하고, 모집형
태에 상관없이 투자자로부터 자금을 모아 운용하는 구조를 광범위
하게 포괄하는 것으로 미국의 투자계약과 유사하다.

㉓
일본의 토큰증권 규제

일본의 토큰증권 규제는 디지털 자산의 증권성 여부에 따라 규제를 위한 근거법이 달라진다. 일본은 금융상품거래법에서는 토큰증권을, 그리고 자금결제법에서는 자금결제성 토큰을 규율하는 등 증권성 여부를 기준으로 근거법을 세분화하고 있다. 또한 일본에는 금융상품거래법 제78조 제1항에 따라 '공인 금융상품거래협회'로 인정받은 일본 STO협회(JSTOA)와 일본가상화폐거래소협회(JVCEA)가 존재한다. 이에 일본은 규제당국이 직접 토큰증권을 발행하는 주체를 개별적으로 관리하기보다는 정부는 협회를 감독하고, 협회는 개별 플레이어들을 관리하는 방식으로 시장을 관리 및 감독하고 있다.

㉔
일본의 STO 사례

SBI홀딩스는 2020년 10월 9일 첫 번째 STO를 발표했다. 일본에서는 2019년 5월 31일 금융상품거래법 개정 관련 정부 조례 개정으로 '전자기록 이전 등을 위한 증권표시권'을 규정했다. 2020년 5월 1일 개정 금융상품거래법 시행 이후 SBI그룹은 일본에서 첫 번째 STO 사업을 시작했는데, 첫 번째 발행은 SBI홀딩스를 인수인으로 하는 한편, 두 번째 이니셔티브인 디지털 회사채 공모는 해당 운용사가, 세 번째 이니셔티브는 SBI증권이 각각 발행하게 되며, 두 번째 이니셔티브인 디지털 회사채 공모는 모두 관련 정부 기관의 승인하에 이루어졌다.

2021년 4월 20일 SBI증권은 개인투자자를 대상으로 한 첫 번째 토큰증권 발행(STO)을 시작했다. 블록체인 기반 STO는 SBI증권이 자체적으로 발행한 회사채를 대상으로 했다. 지난해 SBI는 이번 발행에 사용되는 '아이벳 포 FI' 토큰증권 플랫폼을 개발한 노무라와 노무라 리서치가 설립한 회사인 부스트리에 투자했다. 첫 번째 소매 시도이기 때문인지 발행액이 1억 엔(92만 달러)으로 많지 않다. 최소 투자액은 10만 엔(921달러), 1년 만기 채권 금리는 0.35%이다. 리플의 최대 투자자이자 거액의 XRP 암호화폐를 보유한 SBI는 이전에 주 주에게 배당금으로 XRP를 지급했다. STO의 경우 채권 구매자에게 도 XRP를 지급하고 있다.

지난해 또 다른 SBI 자회사인 SBI e스포츠도 토큰화된 주식을 발행했다. 운용사 SBI홀딩스가 발행하는 디지털 회사채 공모는 그 룹 내 운용사가 SBI증권을 통해 발행하는 디지털 회사채를 SBI증 권을 통해 공모하는 방안을 검토 중이며, SBI증권이 디지털 회사채 인수인계를 대행하고 SBI증권 고객사 인수를 권유할 예정이며, 디 지털 채권도 ibet플랫폼을 활용해 발행 및 관리될 것으로 추정된다.

SBI증권은 신탁법과 자산청산법에 근거한 펀드형 STO 취급을 검토하고 있다. 이러한 펀드에 대해 검토 중인 자산은 예를 들어 부 동산, 미술, 게임 및 영화에 대한 저작권과 같은 지적재산권이다. STO에 참여함으로써 투자자는 적은 투자만으로 특정 자산 소유자 가 될 수 있고, 발행사는 자신의 자산을 위한 자금을 조달할 수 있게 된다.

㉕
일본의 디지털자산 과세제도(가상자산)

일본은 주식, 채권 등 양도 시에는 낮은 세율로 분리과세하는 것에 비해 암호자산, 즉 가상자산 양도 시 발생한 소득은 잡소득으로 보아 누진세율로 과세하는 등 가상자산과 전통적 금융상품의 과세 취급이 차이가 난다.

▶ 일본은 주식, 채권, 펀드 등 전통적 금융상품 양도로 발생한 소득을 양도소득으로 보아 15%의 세율(소득주민세 5% 및 부흥특별소득세 2.1% 별도)로 신고분리 과세함

• 상장주식, 특정채권 등의 양도로 발생한 손실은 상장주식 등 양도소득 및 주식의 배당소득과 통산할 수 있고 통산 후 잔여 손실은 3년간 이월하여 공제가능

▶ 암호자산의 양도로 인한 소득은 양도소득이 아닌 잡소득으로 보아 종합과세하고, 사업목적으로 암호자산을 거래하는 경우에는 사업소득으로 보아 종합과세

• 암호자산의 양도로 손실 발생 시 다른 암호자산 양도로 발생한 이

익에서만 공제할 수 있고 종합과세 대상인 다른 소득에서는 공제할 수 없으며, 초과손실은 이월공제 안 됨

㉖
일본의 디지털자산 과세제도(토큰증권)

일본의 토큰증권은 일본 금융상품거래법('금상법') 구분에 따라 전통적 금융상품과 같이 양도소득으로 분리과세되거나, 암호자산과 같이 잡소득으로 과세되는 등 차별적으로 과세된다.

▶ 일본의 암호자산은 자금결제법이 적용되고, 토큰증권은 금상법이 적용됨

• 토큰증권(증권토큰)은 금상법 2조 3항에서 유가증권에 표시되는 권리를 전자정보처리 조직을 이용하여 이전할 수 있는 재산적 가치로 표기한 것으로 규정

• 일본에서 토큰에 표시되는 유가증권 즉 토큰화 유가증권(사채 토큰화 등)은 금상법 2조 2항(통상의 2항 각호의 유가증권)이 적용됨

▶ 사채의 토큰화 등 토큰화 유가증권인 토큰증권은 통상의 1항 각호 유가증권인 수익증권발행신탁의 수익증권(금상법 2조 1항 14호), 즉 전통적 금융상품과 같이 과세, 즉 양도소득으로 15% 세율로 분리과세

▶ 전자기록 이전권리인 토큰증권은 통상의 2항 각호의 유가증권인 익명조합의 권리(금상품 2조 2항 5호)와 같이 잡소득으로 과세됨

㉗
일본의 STO 제도 정비 현황

일본 STO협회에서는 2021년 7월부터 토큰증권 시장 활성화 위원회를 설치했으며, 플랫폼 연계를 통한 데이터의 표준화, 규칙 제정 등 업계 내 시장 정비의 세부 검토를 진행 중이다. SMBC그룹과 SBI그룹은 공동출자 형태로 2021년 3월 대체거래소 형태인 오사카 디지털거래소(ODX)를 개설했으며, 토큰증권은 2023년부터 지급할 방침을 발표한 바 있다. 또한 SBI그룹은 2020년 12월 스위스 SIX디지털거래소와 함께 싱가포르에 합작투자법인을 설립했으며, 2022년 기관투자자 대상의 토큰증권 발행, 거래 보관 서비스를 개시했다.

싱가포르 STO 플랫폼

싱가포르 STO 플랫폼

플랫폼 명	특징
STO GlobalX	증권화 토큰의 발행, 관리 및 거래를 위해 STO GlobalX가 출시한 거래 플랫폼
ADDX	스마트컨트랙트 기술을 활용한 거래 플랫폼. 사모펀드, 헤지펀드, 와인 포트폴리오 등 다양한 금융상품을 취급하며 적격 투자자들에게만 접근 허용
1exchage	자사 플랫폼 상장 민간기업 주식을 토큰화하여 거래
DBS Digital Exchange	싱가포르의 대형 은행인 DBS 은행이 개설한 거래소로 디지털 채권 등 증권화 토큰 취급
InvestaX	프라이빗 시장의 벤처, 사모주, 부동산 등을 거래하는 플랫폼으로 싱가포르 금융관리국 샌드박스 기업
Metaverse Green Exchange	싱가포르 규제 적격거래소 Cyberdyne Tech 거래소의 리브랜딩 버전으로 디지털 탄소 거래 서비스 특화 거래 플랫폼

자료: Xangle

싱가포르는 아시아에서 STO를 가장 빨리 정식 허용하며 성장한 국가다. 아시아 금융허브로 성장했던 것처럼 블록체인 기반의 디지털 증권시장도 선점하기 위해 싱가포르 통화청(MAS)은 2017년 선제적으로 디지털 토큰의 가이드라인을 마련했다. 2018년 MAS는 증권성을 지닌 디지털 증권이 일반 금융상품과 동일한 증권법(SFA, Securities and Futures Act) 적용을 받도록 제도 정비에 나섰다.

STO 플랫폼 중 최초로 MAS 승인을 받은 플랫폼은 ADDX(RN iSTOX)로 2017년 ICHX테크가 설립했다. 2019년 MAS의 규제 샌드박스 프로그램에 참여, ICH Genesis 회사채를 블록체인 기반으로 토큰화하는 데 성공했고, 2020년 MAS 승인을 받으며 본격적인 운영에 나섰다.

ADDX는 2021년 1월 샌드박스를 졸업, 정식 허가를 받음으로써 자본시장 내 최초의 디지털증권 플랫폼이 되었다.

ADDX에는 현재 20여 개 증권형 토큰이 상장되어 있으며 40개국 이상의 이용자로부터 5억 달러 이상을 조달했다. ADDX의 토큰화 대상은 다양한 자산, 특히 개인들 참여가 어려웠던 사모상품을 유통하는 'Multi-asset' 플랫폼의 특징을 지닌다. Pre-IPO기업, 유니콘 등 사모 주식은 물론 헤지펀드, 사모펀드(바이아웃펀드, VC펀드), 회사채, 심지어 와인 포트폴리오까지 사모방식으로 투자되던 자산들이 디지털 토큰으로 발행, 유통되고 있다.

ADDX는 1차 공모 참여 시 5천 달러, 2차 시장 거래에서는 100달러로 기존의 수십만 달러에서 투자 허들을 대폭 낮췄다. 현재

ADDX는 지속가능연계채권과 와인포트폴리오 토큰화 등 다변화된 대체투자처를 제시하고 있다.

㉙
싱가포르 STO 플랫폼 규제

증권선물법이 토큰증권에 대해 부과하는 핵심 규제 사항은 다음과 같다.

특정 디지털토큰이 증권선물법 상의 자본시장상품(Capital Market Product, CMP)에 해당된다면 싱가포르통화청(Monetary Authority of Singapore, MAS)으로부터 전통적 증권과 동일한 구제를 적용받게 된다. 해당 디지털토큰의 서비스 제공자는 투자자에게 혜택과 위험을 알리기 위해 토큰증권 제공과 함께 ① 투자설명서를 발행 및 등록해야 하고, ② 자본시장서비스(Capital Market Services, CMS) 라이선스를 발급받아야 하며, ③ AML(자금세탁방지)/CFT(테러자금조달방지) 규제를 준수해야 한다. 이때 디지털 토큰이 CMP에 해당하는지 여부를 판단하는 기준은 법인이나 신탁 재산, 증권 기반 파생상품 계약에 대한 소유권을 나타내는 경우, 집합투자기구 단위로서 집합투자기구의 권리 또는 이익을 나타내는 경우 등이다. 다만 SFA Part S Ⅲ Subdivision에는 증권상품을 발행할 때 투자설명서가 면제될 수 있는 4가지 시나리오가 있다.

만약 STO를 위한 상품의 증권성이 인정된다면 투자설명서를 발급해야 하는데 여기에는 상당한 시간과 금액이 소요되기 때문에 투자설명서가 면제될 수 있는 4가지 옵션을 충족해야 투자할 수 있다. 내용은 다음과 같이 요약할 수 있다.

① Small(personal) offer(12개월 동안 싱가포르 달러 5백만 달러 이하 또는 MAS에서 허가받은 소액의 모집)

② Private placement offer(12개월간 50인 이하의 사모)

③ Offer is made to institutional investors only(기관투자자 한정 모집)

④ The offer is made to accredited investors(적격투자자 한정 모집)

㉚ 싱가포르 STO 적격 투자자 조건

개인 적격 투자자	기업 적격 투자자
• 연소득 30만 SGD 이상 또는 • 최소 1백만 SGD의 순 금융 자산 또는 • 최소 2백만 SGD의 순 총 자산	• 천만 SGD를 초과하는 회사의 순자산 또는 • 회사의 전체 주식 자본을 적격 투자자인 1인 이상이 소유할 경우

자료: MAS

증권형 토큰 발행사는 발행 이후 토큰 거래소에 상장해 상장 조건을 유지해야 유동성을 확보할 수 있다. 2018년 가이드라인 개정 이후 증권형 토큰의 단순 발행자는 별도의 자본시장 면허 없이도 토큰 발행이 가능해졌지만 거래 플랫폼은 중개자로서 자본시장 면허 취득이 의무다. MAS는 220년 최초의 블록체인 기반 증권형 토큰 플랫폼 iSTOX(현 ADDX)의 거래소 역할을 승인한 데 이어 DBS가 설립한 암호화폐 거래소인 'DBS디지털 거래소'를 승인함으로써 은행도 가상자산업 참여에 나서는 계기가 되었다.

㉛
싱가포르 STO 제도 정비 현황

2017년 싱가포르 통화청이 디지털토큰 가이드라인을 발표하며 증권법 적용을 명시했다. 2018년 MAS는 증권성을 지닌 디지털 증권이 일반 금융상품과 동일한 증권법(SFA, Securities and Futures Act) 적용을 받도록 제도 정비에 나섰다. 싱가포르의 디지털토큰 관련 가이드라인에는 크게 '디지털 토큰 발행 가이드라인(A Guide to Digital Token Offerings)'과 대중을 상대로 한 디지털결제토큰 서비스 제공 가이드라인(Guidelines on Provision of Digital Payment Token Services to the Public)이 있다.

MAS는 가이드라인에서 11가지 사례를 제시했는데, 이때의 사례는 단순히 조건을 나열하는 것이 아닌 여러 상황을 설정했다. 각 상황에 따라 어떤 법의 어떤 규정이 적용되는지 혹은 적용되지 않는지를 설명하고, 라이선스 등 사업 운영 시 필요한 요건도 정리되어 있어 내용이 구체적이다. 2019년 iSTOX를 규제 샌드박스 기업으로 지정하며 STO 기업 육성에 나섰고, 2020년 최초의 블록체인 기반 증권형 토큰 플랫폼으로 정식 인가를 했다.

㉜
세계의 STO 거래소

서비스 업체	아스펜 코인 (Aspen Coin)	tZERO	SGX & iSTOX
		tZERO	iSTOX
국가	미국	미국	싱가폴
유형	증권형 토큰	증권형 토큰 대체거래소	디지털자산 거래소
특징	• 최초의 부동산 STO • 2018년 첫 상장	• 미국증권거래위원회 　로부터 대체거래소 　(ATS)라이선스획득 　(2019.01) 　개인투자자에게 　서비스 제공 　(2019.08)	• 싱가포르 투자사ICH 　그룹의 블록체인 자 　회사 ICHX테크가 　운영 • 정식거래소 운영 　라이센스 획득 　(2020.01)

서비스 업체	핀헤이븐 (FinHaven)	INX	Securitize
	⚡Finhaven	(INX)	(S)
국가	캐나다	영국	미국
유형	블록체인 증권거래소	암호화폐거래소 (증권형토큰거래)	증권형토큰 대체거래소
특징	• 캐나다 증권 규제기관 브리티시컬럼비아 증권위원회(BCSC)로부터 블록체인 기반의 증권거래소 설립허가획득 및 거래소개장(2021.01) • 두나무와 메디치인베스트먼트(VC)로부터 600만 달러 규모의 시리즈A투자 유치(2018)	• 명의개서 대리와 2차거래 서비스 제공 • 2021년 Open Finance 사 (ATS) 인수로 ATS인가 획득 • 2022년 TokenSoft 인수로 Transfer Agent획득	• 발행.명의개서대리, 2차 거래 서비스 제공 • Securitize (발행플랫폼)자회사로 Reg A,Reg CF, Red D 발행부터 거래까지 서비스 제공

3장
STO 토큰증권과 IT

①
한국 STO 시장과 블록체인 기술

한국의 토큰증권(STO) 시장에서 블록체인 기술의 성공적인 적용을 위해 중요한 기술적 측면들을 보면 이렇다. 스마트 컨트랙트 개발, 강력한 보안 및 암호화, 법적 규정 준수, 분산 원장 기술, 자산 토큰화, 네트워크의 스케일러빌리티 및 성능, 다중체인 및 상호운용성, 그리고 효과적인 사용자 인증 및 KYC/AML/FDS 프로세스 구현 등이 포함된다. 이러한 요소들은 한국의 STO 시장에서 블록체인 기술을 효율적으로 활용하고 금융 서비스를 혁신하는 데 필수적이다.

토큰증권을 거래하기 위한 새로운 공간 장외거래소 등에서 기본적으로 갖추어야 할 기능은 다음과 같다.

1) 고객확인제도 KYC(Know Your Customer): 금융기관이 고객 신원을 확인하고 식별하는 과정으로 '본인인증'이라 할 수 있다. 실지명의(이름, 주민등록번호, 생년월일, 연락처, 계좌검증, 공동인증서 등)를 확인하는 절차다. 보통 통장이나 신용카드를 만들어 사용하고

있다.

2) 자금세탁방지제도 AML(Anti-Money Laundering System): 국내외 불법자금 세탁을 예방하고 적발하기 위한 제도 및 시스템이다.

3) 이상금융거래탐지시스템 FDS(Fraud Detection System): 원화의 입출금 및 결제 내역 등의 거래정보를 수집 분석, 의심거래를 검출하여 자동으로 출금 및 거래를 차단하는 시스템이다.

②
한국 STO 시스템의 역할

여기서의 STO는 한국의 토큰증권 형태로 기존의 일반적인 블록체인에서 사용되는 STO의 증권형 토큰과는 차이가 있다. 기존의 증권형 토큰은 아무나 발행해서 관리 주체와 기관이 일반 기업들이나 재단 형태로 진행되었다면, 토큰증권은 한국의 자본시장법안에서 증권의 범위 안의 하나의 형태로 블록체인 기술을 활용한 개인의 증권 소유에 대한 증명 방식이라고 할 수 있다.

즉, 한국의 STO는 다양한 자산이 디지털 자산으로 탈바꿈하는 하나의 새로운 기틀을 제공하고, 이를 바탕으로 새로운 자산의 유통시장을 만들어가는 중요한 사건이라고 할 수 있다.

③
한국 STO 거래소의 역할

STO 거래소는 장외매출채권거래소와 비슷한 역할로, 앞서 발행된 토큰증권들을 시장에 들여와서 거래가 필요한 사람들끼리 해당 거래를 진행할 수 있도록 운영되는 거래소라 할 수 있다. 해당 거래소에서는 해외 증권토큰들을 보관할 지갑과 이를 거래할 수 있는 트레이딩 시스템을 제공해야 한다. 그리고 거래소의 주요 수익으로는 거래중개수수료와 해당 토큰들 정산을 지원할 것으로 예상된다.

④
한국 STO 개인 지갑의 주요 기능

STO 지갑은 기존의 블록체인 코인 및 토큰을 보관하는 온·오프라인 월렛들과는 차이가 있을 것으로 보인다. 왜냐면 총량과 거래량을 예탁원에서 관리 감독할 것이므로 이를 위해서는 사실상 중앙화에 가까운 운영방식을 채택할 수밖에 없기 때문이다. 기술적으로 무조건 안 된다는 건 아니지만, 앞서 말한 것처럼 블록체인 기반의 토큰이라고 해도 중앙에서 거래 기록을 관리할 수밖에 없는 이유는 이 토큰증권이 정확히 말해 증권 즉 재화로서 자산의 영역이기 때문이다.

 이 책에서 다루고 있는 세무회계로 봤을 때 소유권자가 매각을 하거나 청산 시 수익에 대한 세금이 발생하므로 소유자가 누군지 알 수 없는 방식의 블록체인을 지원할 수 없는 것이다. 그래서 토큰지갑 형태는 다소 제한적이거나 개인이 콜드월렛(개인컴퓨터, USB, 개인저장매체) 등을 활용하기 어려워서 아마 거래소나 기존의 투자 플랫폼에서 보관될 확률이 아주 높다.

⑤
토큰증권의 기술적 역할

기술적인 토큰증권 역할로는 일단 토큰의 발행 형태를 볼 수 있는데, 아직 정해진 형태가 없으므로 가장 대중적인 비트코인 및 이더리움 방식으로 구현될 수 있을 것으로 생각되나, 실질적으로 블록체인 형태를 국가가 지정할 수도 있을 것이다. 그렇다면 국내에서는 주식회사 업비트의 개발관리 회사인 람다256의 루비버스나 한국형 블록체인을 기반으로 할 수 있다는 방향도 고려해야 할 상황이다.

여기서 문제는 한국형 토큰증권의 블록체인 설계가 확실히 되어야만 지갑 형태나 거래 형태가 정의될 수 있다는 것이다. 현재 대략적인 방향과 내용은 나오고 있으나 확정적인 건 없는 상황이다. 여러 행사를 참여해본 결과, 한국형 토큰증권의 블록체인 발행에서 토큰 자체에 기술적 확장성 등을 담을 것인지에 대한 문제로 좀 더 검토 중인 것 같다.

⑥
STO 블록체인 네트워크

한국의 토큰증권과 별도로 기존의 STO(Security Token Offering)는 증권형 토큰으로 전통적인 증권을 블록체인 기술을 이용하여 디지털화한 토큰을 말한다. 이러한 STO는 기존의 주식, 채권, 부동산, 그림, 배, 사업 등의 다양한 자산을 대표로 하며, 이를 통해 투자자들에게 새로운 형태의 자산을 제공한다. STO를 지원하는 블록체인 네트워크는 다양한 기능과 특징을 가지고 있는데, 여기에는 다음과 같은 네트워크들이 있다.

가장 대표적인 것부터 소개하겠다.

- 이더리움(Ethereum): 스마트 컨트랙트를 지원하고 다양한 토큰을 만들 수 있는 가장 인기 있는 블록체인 플랫폼
- 스텔라(Stellar): 금융 서비스에 초점을 맞춘 블록체인으로, 특히 국제 거래와 결제에 많이 사용되고 있으며, 사용자가 쉽게 자체 토큰을 만들 수 있다.

- 테조스(Tezos): 보안과 안정성에 중점을 둔 플랫폼으로, 자체적으로 업그레이드가 가능하다.
- 폴리매쓰(Polymath): STO에 특화된 플랫폼으로, 기업들이 증권 토큰을 쉽게 발행하고 관리할 수 있게 해준다.
- 하버(Harbor): 주로 부동산을 토큰화하는 데 사용되며, 부동산 투자를 더 접근하기 쉽게 만드는 플랫폼이다.

위 STO 플랫폼들은 대표적인 블록체인 네트워크들로, 각각 독특한 기능과 장점을 가지고 있다. 세계적으로 STO 시장은 계속 발전하고 있어, 새로운 플랫폼과 기술이 계속 등장하고 있다.

⑦
ERC-20으로 토큰증권 발행이 가능한가?

ERC-20은 가장 유력한 STO 플랫폼으로 예측된다. 하지만 한국은 금융관련 규제가 상당히 보수적인 국가이다. 다양한 금융관련 규제나 법적인 부분이 많아서 실질적인 운영가이드가 나올 때까지는 좀더 지켜봐야 할 것으로 생각된다. 하지만 ERC-20은 이더리움 블록체인에서 사용되는 표준 토큰으로, 다양한 형태의 디지털 자산을 나타내는 데 가장 대표적으로 사용되고 있다. 따라서 상당히 검증된 블록체인으로 한국의 토큰증권 STO는 이더리움으로 발행이 가능할 것으로 생각하고 있다.

⑧
STO용 개인 지갑과
기존 금융 기관의 시스템 연계

STO용 토근증권 지갑은 블록체인 월렛을 활용할 것이라 생각된다. 기존의 금융계좌와 연계하려면 다양한 방식이 필요하다. 디지털 형태 증권이라고 해도 기존의 원화와 STO는 블록체인이라는 다른 기술이 존재하기 때문이다.

연계 방법으로는 직접적인 금융기관 계좌 및 가상계좌를 통해 거래 증빙을 하고 이를 매도/매수하는 형태가 가능하고, API*를 활용하여 연동하는 방식 등이 있다.

하지만 여기서 중요한 점은 새롭게 생길 규제에 적용받을 것이라는 사실로, 이를 준수하는 업체가 해당 서비스를 제공할 수 있을 것이다. 이는 현재 한국의 원화 거래 가능한 암호화폐 거래소가 제한적인 것과 관계가 깊다. 해당 거래에는 다양한 보안 및 신원확인 절차

---

*   API(Application Programming Interface): 어플리케이션 프로그램의 통신수단으로, 운영체제와 운영프로그램 사이의 통신언어라고 할 수 있다.

가 있을 것으로 예상된다. 이러한 토큰증권지갑과 금융계좌 연계는 기술적으로는 어렵지 않으나 각종 규제나 보안 등 이슈가 아주 많을 것이다.

⑨
한국형 STO 시장
'프라이빗 블록체인'의 한계점

앞서 다양한 블록체인 플랫폼들을 활용해서 토큰증권 STO가 발행될 것으로 예상했지만, 증명 방식이 완전한 탈중앙화가 아니라 일부분은 프라이빗 블록체인* 형태의 일부 중앙화된 형태의 블록체인 토큰증권으로 운영될 것으로 보인다.

왜냐면 모든 발행량과 소유자를 증명하고 해당 토큰증권의 구매금액/거래금액 등 차액이 발생하거나 해당 소유자에게 배당 지급 수익이 발생하는 부분까지 확인하여, 분명히 조세가 생길 것이기 때문이다. 이러한 이유로 완전히 탈중앙화된 형태로 한국시장은 운영될 수 없을 것이라 생각한다.

---

* 　프라이빗 블록체인(private blockchain): 제한된 사용권한이 있는 블록체인 시스템

⑩
한국과 해외의 STO 생태계 변화

사실상 한국의 STO는 토큰증권으로, 하나의 새로운 증권 상품으로 볼 것이며, 세계적으로 보는 STO 증권형 토큰과는 차이점이 많을 것이라 생각한다. 하지만 각 국가마다의 거래 규제가 존재하므로 글로벌 통합 생태계를 구축하기는 힘들 것으로 보인다.

각 국가 안에서도 각각 거래소마다 운영생태계가 상이할 것이며, 특히 한국은 원화와 연계되는 만큼 더욱 소비자 보호 형태 규제 안에서 제한적인 생태계를 구축할 것으로 예상된다. 엄청난 시장 확장과 변화는 없을 것으로 생각되나, 새로운 자산을 자본시장법 안에 넣는 것 자체가 한국 STO 토큰증권 시장에서는 아주 큰 변화로 볼 수 있다.

⑪
블록체인 거래소와 증권거래소 차이

블록체인 거래소와 증권거래소는 각각 다른 자산을 거래하고 다른 규제 환경에서 운영되고 있다. 블록체인 거래소에서는 비트코인, 이더리움 등의 암호화폐와 디지털 토큰이 거래되는 반면, 증권거래소에서는 주식, 채권, 파생상품 같은 전통적인 금융 자산이 거래된다.

블록체인 거래소는 실명 계좌 시스템과 자금세탁방지 규정을 준수해야 하는 등 특정 규제를 따르며, 증권거래소는 금융위원회와 한국거래소의 엄격한 규제와 감독을 받는다.

블록체인 거래소는 연중무휴 24시간 운영되는 반면, 증권거래소는 평일에만 정해진 시간에 운영(09:00~ 15:00)되며 주말과 공휴일에는 휴장한다.

기술적 인프라 측면에서 블록체인 거래소는 블록체인 기술을 활용하는 반면, 증권거래소는 중앙화된 거래 및 청산 시스템을 사용한다.

시장의 안정성과 성숙도 면에서도 차이가 있어, 블록체인 거래소는 상대적으로 새롭고 변동성이 큰 시장인 반면, 증권거래소는 장기

간에 걸쳐 구축된 안정적이고 성숙한 시장이다. 이러한 차이점들을
이해하고 있어야 한다.

⑫
STO 알고리즘의 기술적 성장 방향

앞으로 토큰증권(Security Token) 알고리즘의 성장 가능 방향을 이해하기 위해서는 먼저 토큰증권이란 무엇인지, 그리고 그것이 어떻게 작동하는지를 알고 있어야 한다. STO는 블록체인 기술을 이용하여 기존의 전통적인 금융 자산(예: 주식, 채권, 부동산, 그림 등)을 대표하는 디지털 자산이다. 이러한 토큰증권은 기존의 증권거래보다 더욱 효율적이고 투명한 방식으로 자산을 거래하게 해줄 것이다.

앞으로의 기술 발전은 다양한 측면에서 해석할 수 있는데, 토큰증권 시장에서의 규제와 호환성 증대가 가장 큰 제한요소로 생각된다. 각종 규제는 시장 확대에 매우 큰 방패막 역할을 하고 있다. 이렇듯 규제가 많으므로 투자자를 보호하고자 하는 역할이 더욱 강하게 작용하는 것이다.

규제를 통한 기술적 발전은 사실상 토큰증권 발전에 제한을 가져오므로 지속적인 자산 확장이 오히려 다양하게 생겨날 것으로 예상된다. 그러므로 새로운 형태의 알고리즘이 생겨나서 충분히 새로운 자산 형성을 가져올 수 있을 것이다.

　이러한 요소들로 인하여 이전의 NFT나 메타버스 같은 붐이 기술 성장과는 관계없이 새롭게 나타날 수 있다.

⑬
AI 발전과 STO의 상관관계

지금 세상에서는 인공지능(AI) 발전이 너무나도 빠르게 진행되고 있다. 우리가 지금 다루는 토큰증권인 STO 또한 새로운 자산 시장을 형성하고 있다. 현재 인공지능 자동투자 및 자산관리는 이미 많은 기업들이 도입하여 사업화하고 있는 것이다.

이중 사기로 진행되는 사례도 많았으나, 지속적인 시장 변화에 발맞추어 새로운 형태의 기술 발전과 시장 확대가 가능해졌다. 그렇다면 AI 발전과 STO의 상관관계를 들여다보자.

먼저 규제 준수 및 리스크 관리가 가능할 것이다. 많은 법적 규제와 사업적 리스크를 효과적으로 관리하는 데 인공지능이 상당한 도움을 줄 수 있을 것이다. 예를 들어, 규제 기술(RegTech) 솔루션에 AI를 통합하여 규제 준수를 자동화하여 리스크를 분석할 수 있고, 이를 바탕으로 예측도 가능해서 시장관리에 많은 도움을 줄 것이다.

두 번째로 디지털 자산 시장 분석 및 관리가 용이하다. AI 기술이 STO 시장의 데이터를 분석하고, 투자자들에게 유용한 자료를 제공하여, 이를 바탕으로 시장 동향, 가격 변동성 등을 예측할 수 있다.

또한 보안 강화 및 자동화 효율을 더욱 높일 수 있을 것이다. AI는 STO 플랫폼 보안을 강화하는 데 중요한 역할을 수행하여 이상 거래 탐지, 사기 방지, 네트워크 보안 강화 등이 철저해질 것이다. AI 기술이 적용되면 자동 매매 관리, 스마트 컨트랙트 계약 관리에 빠른 처리 속도를 제공할 것이다.

STO 자동매매 시스템의 가능성

기존의 증권거래소와 블록체인 거래소의 자동매매 시스템은 현재 사용되고 있으며, STO 거래소에도 똑같이 자동매매 시스템은 사용 가능할 것이다. 구매 및 판매 등을 통해 자동으로 차익 실현이 가능하게 운영되는 것이다. 배당금이 높은 STO 상품들은 미리 매수 요청해놓으면 매수 뒤 특정 배당을 자신이 가져갈 수 있는 이슈가 생겨서 연말이 아니어도 사업 내역에 따라 추가 배당 등을 받을 수 있다.

　STO화된 토큰증권들은 해당 토큰증권에 따라 배당 이익이 높거나 청산 시 수익이 높은 상품 등 다양한 시장이 조성될 것이다. 해당 상품마다 호가가 존재할 것이고 가격상승 요인들은 기존의 증권 채권 시장과 비슷하게 흘러갈 것이므로 자동매매 시스템에 대한 수요가 아주 높을 것이라 생각된다.

⑮
토큰증권의 보안 요소

토큰증권(Security Token)은 블록체인 기술을 사용하여 전통적인 금융 자산을 디지털 형태로 발행한 것이다. 이러한 토큰증권의 보안 요소 및 보안 방안으로는 다음과 같은 것들을 생각해볼 수 있다.

우선 분산원장 기술(DLT)을 활용하는 것이다. 블록체인과 같은 분산원장 기술은 데이터의 무결성 및 탈중앙화를 통한 데이터의 위변조 방지를 보장한다. 모든 데이터는 블록체인 분산원장 기술을 통해 거래되는 네트워크에 참여하는 여러 노드에 의해 검증되며, 한번 기록된 데이터는 위/변경하기 어렵다.

토큰증권의 특징은 자동으로 실행되는 스마트 계약을 통해 토큰 발행, 전송, 그리고 거래가 진행된다는 점이다. 이때 데이터는 모두 암호화되어서 다양한 정보 데이터 위변조가 어렵게 되며, 따라서 중개자 없이도 효율적이고 투명한 거래가 가능해진다.

그리고 정해진 규제 및 법규를 준수해야 한다는 것이다. 토큰증권 은 특히 해당 국가마다의 금융 규제에 따라야 하므로, 토큰 발행 및 거래 시스템은 규제 준수를 위한 다양한 기술적 메커니즘이 포함되어야 한다. 이를 통해 다양한 통제가 가능하고 불법적인 접근이나 토큰증권을 관리하기 위한 다양한 인증 및 권한 등을 차별화하여 해킹 및 불법 활동을 방지하고 신뢰성을 높일 수 있다.

또한 보안을 강화하면 다양한 감시시스템 및 거래에 대한 모니터링을 할 수 있다. 지속적인 네트워크 거래내역 감시를 통해 이상 행동을 식별하고 이에 대한 거래정지 및 출금 제한 등을 할 수 있다. 이는 각종 해킹 및 보안 위협에 신속히 대처하게 해줄 것이다.

토큰증권의 보안은 앞으로도 지속적으로 발전하는 기술과 규제 환경에 따라 변화하고 있다. 각 토큰증권 발행이나 STO 거래 플랫폼에서는 이러한 보안 요소들을 적절히 적용하고 개발 보안해서 운영해야 할 것이다.

⑯
성공적인 한국형 STO를 위한
기술 개발 방향

한국에서 성공적인 토큰증권 STO를 위해 나아가야 할 기술적 개발
방향을 고려할 때, 다음과 같은 요소들을 중점적으로 생각해볼 수
있다.

- 블록체인 및 스마트 계약의 발전: STO는 블록체인 기술을 기반
  으로 하기 때문에 블록체인 및 스마트 계약 기술의 안정성, 효율
  성, 그리고 확장성이 중요하다. 거래 트랜잭션 속도를 개선하고,
  네트워크 비용을 최소화하며, 데이터 보안을 강화하여 해킹 방지
  및 보안에 대한 기술 개발이 필요하다.
- 해당 국가 및 지역의 규제 준수 및 해당 가이드에 대한 보안: 토
  큰증권 STO는 금융 자산을 디지털화한 것이기 때문에 한국의
  자본시장법상 금융 규제 준수가 필수적이다. 이를 위해 규제 기
  술(RegTech) 발전이 중요하며, 규제안에서의 공식적인 투자유치
  및 거래, 자금 세탁 방지(AML), 투자자 보호, 거래 투명성 등을

보장할 수 있는 기술 등이 필요하다.

- 사용자 친화적 인터페이스(UI/UX) 최적화: 투자자들이 토큰증권 STO에 쉽게 접근하고 참여할 수 있도록 사용자 친화적인 인터페이스 개발이 중요하다. 이는 투자자들이 토큰증권 상품에 대한 소개 및 수익률 등을 이해하고 투자 결정을 내리거나 재판매할 때 중요한 역할을 것이다.

- 토큰시장의 연동성 및 호환성: 다양한 블록체인 네트워크 및 기존 금융 시스템과의 연동성과 호환성을 개선하는 것이 중요하다. 이렇듯 기술적으로 투자자들이 편하게 이용할 수 있도록 대중성을 확보하지 못하면 더 넓은 범위의 투자자들이 토큰증권시장에 접근하기 힘들어 시장 확장이 어려울 것이다.

- 분산원장 금융(DeFi)과의 통합: 분산원장 금융은 블록체인을 활용해 전통적인 금융 중개자 없이 금융 서비스를 제공하는 것을 말한다. 그렇지만 토큰증권인 STO는 전형적인 증권과 디지털 자산의 통합으로 생겨나는 상품으로 STO와 DeFi를 통합하면 새로운 금융 상품과 서비스를 창출하여 더욱 거대한 시장을 형성할 수 있다. 이는 STO 시장의 성장을 가속화할 수 있을 것이다.

- 국제 협력 및 국제 표준화의 필요성: 현재의 STO는 글로벌 금융 시장과 밀접하게 연결되어 있으나 한국의 STO는 전형적인 자본 시장법상 증권의 한 종류로서 아주 제한적인 운영이 예상된다. 따라서 국제적인 협력과 표준화를 통해 다른 국가 시스템과 호환될 수 있는 플랫폼을 개발하는 것이 중요하다. 그렇지 않으면 시

장 발전 및 확장을 가져오는 데 아주 많은 시간이 소요될 것이다.

위의 기술 개발 방향을 따른다면 한국에서 토큰증권 STO 시장이 성장하고, 글로벌 금융 시장에서 상당한 경쟁력을 갖추는 데 큰 도움이 될 것이다.

4장
STO 토큰증권과 세금

①
가상자산은 과세 대상인가?

2023년부터 가상자산의 양도 또는 대여로 발생하는 소득을 기타소득으로 과세할 예정이었으나, 2022년 말 금융투자소득세 과세 시행이 2025년으로 유예되면서 함께 유예된 상태다. 따라서 2024년 현재 소득세법은 가상자산의 양도 또는 대여에서 발생하는 소득을 과세 대상으로 열거하고 있지 않기 때문에, 가상자산의 양도소득 또는 이자소득이 과세되고 있지 않다.

그러나 금전 대신 가상자산으로 대가를 지급받는 경우에는 현행 소득세법에서도 급여의 경우 근로소득, 재화나 용역 제공 대가의 경우 사업소득 등으로 과세될 수 있다. 가상자산으로 급여를 받은 경우를 특별하게 제외하거나 비과세하는 규정이 없는 한 근로소득에 해당하기 때문이다. 사업소득도 근로소득과 마찬가지로 포괄적으로 소득을 규정하고 있다는 점에서 가상자산을 재화나 용역의 제공 대가로 받는 경우 과세될 것이다.

②
토큰증권이 된 주식의 과세

현재 주식은 토큰증권으로 발행되어 유통되는 사례가 존재하지 않아서, 소득세법상 주식인 토큰증권에서 발생하는 소득에 대한 소득세 과세문제는 발생하지 않고 있다.

향후 주식이 토큰증권으로 발행되어 유통될 경우 발생하는 소득에 대해서는 현행 소득세법이 명시적 규정을 두고 있지 않지만, 기존의 소득세법 규정에 따라 과세될 것으로 예상된다. 주식(지분증권, 증권예탁증권 포함) 양도의 경우 실물증권, 전자증권, 토큰증권 등 발행형태에 따라 주식의 양도소득 해당여부가 달라지는 것은 문제가 있기 때문에, 토큰증권으로 발행되더라도 양도소득으로 과세될 것이다.

예를 들어, 양도소득세 과세대상으로 주권상장법인의 주식 등, 주권비상장법인의 주식 등과 같이 '주식'으로만 표현하고 있고 실물증권, 전자증권 등 증권 형태를 명시하고 있지 않기 때문에 주식이 토큰증권으로 발행된다 하더라도 여전히 양도소득세 과세대상에 해당할 것이다. 다만 토큰증권으로 발행되어 장외거래되는 경우 모두 비상장주식, 즉 주권비상장법인의 주식으로서 양도소득에 대해 양도소득세가 과세되고, 한국거래소에서 상장되어 거래되는 주권상장법인 주식의 경우 대주주 경우에만 과세되며, 토큰증권에서 발생하는 배당은 내국법인으로부터 받는 이익의 배당으로 보아 상장여부에 관계없이 배당소득으로 과세될 것으로 보인다.

③
토큰증권이 된 채권의 과세

현재 채권은 주식과 마찬가지로 토큰증권으로 발행되어 유통되고 있지 않아, 채권인 토큰증권에서 발생하는 소득에 대한 소득세 과세 문제는 발생하지 않고 있다.

향후 채권이 토큰증권으로 발행되어 유통될 경우 발생하는 소득에 대해서는 현행 소득세법이 명시적 규정을 두고 있지 않지만, 기존의 소득세법 규정에 따라 과세될 것으로 예상된다. 즉, 채권이 토큰증권으로 발행되어 유통될 경우 현행 소득세법상 채권(채무증권)인 양도는 양도소득 과세대상이 아니고 채권이자는 이자소득으로 과세되고 있기 때문에, 채권인 토큰증권의 양도소득은 과세되지 않고 채권이자는 이자소득으로 과세될 것으로 예상된다.

④
토큰증권이 된 ELS나 펀드의 과세

ELS나 펀드도 현재까지는 토큰증권으로 발행된 사례가 없어서, 토큰증권인 ELS나 펀드의 과세문제는 발생하지 않고 있다.

향후 ELS나 펀드가 토큰증권으로 발행되어 유통될 경우 발생하는 소득에 대해서도 현행 소득세법이 명시적 규정을 두고 있지 않지만, 기존의 소득세법 규정에 따라 과세될 것으로 예상된다. 즉, ELS인 토큰증권과 펀드인 토큰증권에서 발생하는 이익이 양도로 발생하는 소득이냐 분배금이냐 하는 구분과 관계없이 배당소득으로 과세될 것으로 보인다.

⑤
토큰증권이 된 비금전신탁 수익증권의 과세

현재 조각투자 중 분산원장을 활용한 비금전신탁 수익증권에서 발생하는 이익은 과세당국의 행정해석에 따라 배당소득으로 과세되고 있다. 기획재정부는 부동산임대소득 등에 대한 신탁수익권을 증권화하여 유통하는 경우 신탁 부동산의 임대 및 처분에서 발생한 투자수익과 거래소에서 주식처럼 거래되는 수익권 매매차익은 모두 투자자의 배당소득으로 해석하고 있다.

자본시장법은 금전신탁 수익증권만 허용하기 때문에 비금전신탁 수익증권 형태로 조각투자가 이루어지는 것은 혁신금융서비스로 지정된 경우에만 가능하며, 이 경우 분산원장 미러링 형태로 발행 및 유통되고 있어서 토큰증권과 유사한 것으로 보인다. 예를 들어, 부동산 조각투자회사인 카사의 경우 분산원장을 활용한 비금전신탁 수익증권인 DABS(Digital Asset Backed Security)를 발행하여 유통하고 있다.

비금전신탁 수익증권 배당소득 과세(기획재정부 조세법령운용과-0667)

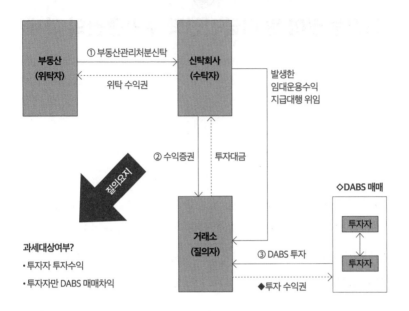

향후 자본시장법 및 전자증권법 개정으로 분산원장 미러링이 아니라 계좌관리기관의 분산원장상에서 직접 발행 및 유통되는 경우라도 증권 속성이 달라지는 것이 아니기 때문에 과세상 차이가 발생할 것으로 보이지는 않는다. 따라서 과세당국의 새로운 행정해석이 나오기 전까지는 비금전신탁 수익증권인 토큰증권은 배당소득으로 과세될 것으로 보인다.

⑥
토큰증권이 된 투자계약증권의 과세

금융위원회가 투자계약증권으로 판정한 조각투자 사업자들 대부분은 민법상 공동소유 형태 중 공유 법리에 따라 투자자가 기초자산을 직접 소유한 것으로 보아 기타소득으로 원천징수하고 있으나, 일부 조각투자 사업자의 경우 사업소득으로 보아 원천징수하고 있다.

한편 비금전신탁 수익증권 형태로 사업을 개편하기 전 ㈜뮤직카우 경우에는 저작권료 참여청구권이라는 채권적 청구권에서 발생하는 수익 또는 양도차익 관점이 아닌 기초자산의 저작인접권 양도 또는 사용 대가로 받는 금품으로 보아 기타소득으로 원천징수하고 있었다.

투자계약증권의 비정형성으로 인해 민사법 또는 증권법적 형태는 다양할 수 있으나, 기존의 법적 형태로는 포섭할 수 없는 새로운 형태에 해당할 수도 있기 때문에 투자계약증권 과세도 계약 실질에 따라 개별적으로 판단해야 할 것으로 보인다. 투자계약증권은 투자계약증권의 지분 성격에 따라 상법상 익명조합 또는 합자조합, 자본시장법상 투자익명조합 등에 해당할 여지가 있지만, 투자계약증권의 비정형성 및 자본시장법의 예외적 성격상 자본시장법상 집합투자기구로 보기는 어렵고, 상법상 익명조합, 합자조합에 해당할지 여부도 불분명하다.

이렇듯 투자계약증권의 법적 형태가 정형화되어 있지 않아 소득세법상 과세규정도 명확하게 제시되어 있지 않을 뿐만 아니라, 현재까지는 투자계약증권의 과세상 취급에 대한 과세당국의 명확한 해석도 나온 바가 없기 때문에 향후 과세문제에 유의해야 할 것이다.

⑦
2025년부터 가상자산이 과세된다?

2020년 말 세법개정을 통해 2022년 이후 가상자산의 양도 또는 대여로 발생하는 소득에 과세할 예정이었으나, 관련제도 미정비, 과세체계 미확립 등으로 시행이 2023년으로 유예되었다. 그러나 2022년 말 금투세 과세가 2년간 유예되면서 가상자산 과세도 또다시 2년간 유예되어 2025년부터 과세될 예정이다. 한편 2024년 중 정부의 조세정책방향, 국회 세법논의 과정에서 가상자산 과세가 폐지되거나 다시 유예될 가능성도 있기 때문에 2025년에 실제 과세될지 여부는 지켜볼 필요가 있다.

2025년 시행예정인 가상자산 과세에서 가상자산소득은 특금법상 가상자산을 양도하거나 대여함으로써 발생하는 소득으로 기타소득에 해당한다. 가상자산의 소득금액은 총수입금액에서 필요경비를 차감하여 계산하며, 총수입금액은 가상자산을 양도 대여함으로써 받은 대가로, 필요경비는 실제 취득가액 등에 관련 부대비용을 포함한다.

필요경비에 해당하는 가상자산의 취득가액 평가방법은 신고수리

가상자산사업자의 경우 이동평균법, 이외는 선입선출법으로 계산하는 것으로 되어 있다. 가상자산의 과세방법은, 가상자산의 양도나 대여를 통해 발생한 소득에 대해서는 원천징수를 하지 않고 분리과세하며, 가상자산소득금액에 대한 결정세액은 가상자산소득금액에서 250만 원을 뺀 금액에 20%를 산출한 금액으로 한다.

⑧
금융투자소득세('금투세')란?

2020년 말 세법개정을 통해 2023년 이후 주식, 채권, 파생상품 등 금융투자상품에서 발생하는 자본손익에 과세하는 한편, 금융투자소득 간 손익통산 및 이월공제를 허용하는 금투세를 도입했다. 실제 과세시점은 불분명하지만 이에 대한 확실한 정보를 알고 있어야 한다.

금융투자소득이란 국내주식을 포함한 자본시장법상 금융투자상품으로부터 실현된 소득을 의미한다. 금융투자소득에는 국내상장주식 양도차익뿐만 아니라 채권·파생결합증권·파생상품·펀드 등 금융투자상품 대부분의 양도/환매/상환차익이 포함되며, 배당 및 이자소득은 제외된다.

금융투자소득의 범위는 자본시장법상 규정을 준용하여 ① 주식 등의 양도로 발생하는 소득, ② 채권 등의 양도로 발생하는 소득, ③ 투자계약증권의 양도로 발생하는 소득, ④ 집합투자증권으로 발생한 이익, ⑤ 파생결합증권으로부터의 이익, ⑥ 파생상품의 거래 또는 행위로 발생하는 소득 등 6가지로 구분하고 있다.

금융투자소득에 대해 국내 상장주식 및 공모국내주식형 펀드에 대해서는 연 5,000만 원(1그룹), 기타 금융투자소득(2그룹)은 연 250만 원의 기본공제가 적용된다. 국내 상장주식에는 K-OTC 중소·중견기업 주식이 포함되며, 공모국내주식형펀드는 상장주식 편입비율이 2/3 이상인 펀드를 지칭한다. 금융투자소득 간 손익통산 및 손실의 이월공제가 허용되는데, 1단계로 모든 금융투자소득과 손실을 합산하여 순소득에 대하여 과세되고, 2단계로 순손실(결손금)이 발생한 경우 5년간 이월공제된다.

한편 금융투자소득은 소득 성격상 소득이 다년간 누적되어 발생하고 손실가능성이 있다는 점을 감안하여 양도소득, 퇴직소득과 같이 종합소득과 별도로 구분하여 과세한다. 세율은 금융투자소득 과세표준 3억 원까지는 20%, 3억 원 초과 시 25% 적용되며, 과세방법은 금융회사가 반기별로 원천징수하는 것이 원칙이다. 원천징수 후 추가납부 또는 환급세액이 있는 경우 투자자가 다음 해 5월 직접 확정신고 및 납부해야 한다.

현행 금융상품세제와 금융투자소득세 비교

구분	현행 금융상품 세제	금융투자소득세	
		확정신고	원천징수
세목	종합소득세, 양도소득세	금융투자소득세 분류과세	좌동
과세대상	주식, 채권, 펀드, 파생결합증권 이자/배당소득 주식(대주주, 비상장), 파생상품 양도소득	주식, 채권, 투자계약증권, 펀드, 파생결합증권, 파생상품의 양도 등 소득	좌동
과세방법	상품별 과세(주식 등 일부 손익통산 허용)	전 금융투자상품 손익통산	기본공제 그룹별 손익통산
이월결손금 공제	없음	5년간 이월공제 허용	없음
기본공제	해외주식 등 일부 연 250만 원 공제	국내주식 연 5,000만 원, 기타 연 250만 원	좌동
의제취득 가역	없음	22년 말까지 발생한 누적손익률 과세제외 의제취득가역 = Max(실취득가, 22년 말 증가)	좌동

세율	이자, 배당소득: 14~42% 주식 양도소득: 10~30% 파생상품 양도소득: 20%(탄력세율 10%)	2단계 초과 누진 세율(3억 원 이하 20%, 3억 원 초과 25%)	20% 단일세율
신고납부	매월 10일까지 원천징수세액 납부 매년 5/10까지 확정신고	매년 5/10까지 확정신고	상반기 원천세액 7/10까지 납부 하반기 원천세액 1/10까지 납부
기타 제도	-	-	원천징수세액의 연 출제한* 취득가 불분명 건 원천징수 제외**

* 원천징수기간 중 발생한 원천징수세액 상당액을 금융기관이 인출을 제한할 수 있도록 하는 제도. 금융기관의 원천징수 재원 확보를 위해 도입됨.

** 상속/증여 등 취득가액을 확인할 수 없는 시무에 해당하는 경우 금융기관이 원천징수 대상에서 제외할 수 있는 제도. 이 경우 납세자가 직접 금융투자소득세를 예정신고 또는 특정신고하여야 함.

⑨
금투세 시행 후의 투자계약증권과 토큰증권 과세

투자계약증권인 토큰증권의 양도차익은 '투자계약증권의 양도로 발생하는 소득'으로 보아 금투세가 과세될 것으로 예상된다. 투자계약증권에서 발생하는 운용수익인 분배금에 대한 배당소득으로 과세될 가능성이 높지만, 세법규정이 명확하지는 않다. 투자계약증권 분배금은 유형별 포괄주의에 따라 배당소득으로 과세될 수도 있지만 투자계약증권이 소득세법상 배당소득 과세대상으로 열거된 금융상품과 유사성이 낮다는 문제가 있기 때문이다. 한편 투자계약증권의 개별적 구조에 따라 투자계약증권의 분배금을 출자공동사업의 배당소득으로 과세하거나, 공동사업 소득과세에 따라 출자지분에 따라 사업소득으로 과세될 가능성도 배제할 수 없을 것이다.

자본시장법에서 비금전신탁 수익증권을 허용하고 있지 않아 금투세에 대해서도 비금전신탁 수익증권에 대한 과세규정은 불명확한 상황이다. 그러나 자본시장법 및 전자증권법 개정을 통해 비금전신탁 수익증권에 대한 과세기준도 마련될 것으로 예상된다.

⑩
금투세 시행 후의 정형적 증권인
토큰증권 과세

토큰증권도 자본시장법상 '증권'이기 때문에 기존 실물 및 전자증권과 같이 주식, 채권, 파생결합증권, 금전신탁수익증권, 투자계약증권으로 구분된다. 주식, 채권, 파생결합증권 등 정형적인 증권에서 발생하는 소득은 각각 주식 등의 양도로 발생하는 소득, 채권 등의 양도로 발생하는 소득, 파생결합증권으로부터의 이익으로 구분되어 금투세로 과세될 것으로 예상된다. 따라서 토큰증권은 주식, 채권, 투자계약증권, 집합투자증권, 파생결합증권, 파생상품으로 분류되는 경우 토큰증권 이외의 다른 금융투자상품의 손익과 통산한 후 과세표준 3억 원까지는 20%, 3억 원 초과 시 25%의 세율로 과세된다.